# NOTICE HISTORIQUE

## SUR LE SANCTUAIRE

DE

# NOTRE-DAME DE SANTÉ

A CARPENTRAS

PAR L'ABBÉ R...

Ouvrage approuvé par Mgr l'Archevêque d'Avignon.

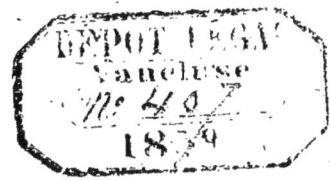

---

## CARPENTRAS

L. GRIVOT-PROYET, IMPRIMEUR-ÉDITEUR.

—

1859

CARPENTRAS, IMPRIMERIE L. GRIVOT-PROYET

## ARCHEVÊCHÉ D'AVIGNON.

L'Archevêque d'Avignon, vu le rapport qui lui a été fait au sujet d'un opuscule à publier par M. l'abbé Ricard sur le sanctuaire de Notre-Dame-de-Santé à Carpentras, déclare volontiers que les documents recueillis dans cet opuscule sont propres à fortifier la confiance et à entretenir la piété des fidèles envers Notre-Dame-de-Santé.

Avignon, le 22 août 1859.

† J. M. M.
Archevêque d'Avignon.

# HOMMAGE A LA SAINTE VIERGE MARIE

Sainte Vierge Marie, daignez jeter un regard de bienveillance sur cette notice que j'ai composée pour vous plaire. C'est votre gloire que je vais raconter, ce sont vos louanges que je veux célébrer : Écrire l'histoire d'un sanctuaire que la piété a élevé en votre honneur, c'est dire votre amour, vos grandeurs, vos prérogatives, votre puissance, le culte qui vous est dû. Je vous supplie donc de bénir ce travail, afin qu'il puisse porter quelque fruit. Vous connaître et vous aimer est pour nous le plus grand des biens, car c'est vous qui conduisez à la foi, à Jésus, au ciel. Daignez bénir aussi celui qui ose vous faire hommage de cet écrit, afin qu'il ne vive que pour publier vos prodiges et vous faire louer et invoquer de tous les hommes.

# NOTICE HISTORIQUE

SUR

# LE SANCTUAIRE DE NOTRE-DAME-DE-SANTÉ

Notre siècle, au milieu de ses écarts et de son indifférence, a conservé la dévotion à la Sainte Vierge comme une suprême espérance dans le danger, et une puissante protection contre les coups de la justice de Dieu incessamment provoquée par nos vices. Pas de contrée qui ne se glorifie de posséder quelque sanctuaire dédié à la Mère de Dieu, où la confiance amène ses enfants affligés, où la reconnaissance les rappelle, et dont les murs ne soient couverts des souvenirs de ses bienfaits. C'est toujours quelque faveur signalée, quelque insigne miracle de sa puissance qui a fait ériger ces sanctuaires, et ce n'est point sans attendrissement que la piété recueille les récits des faits et des merveilles qui en ont consacré l'origine.

Nous avons eu la pensée de rappeler au souvenir des hommes instruits, et d'apprendre aux simples fidèles les faits les plus saillants qui se rattachent à la fondation du sanctuaire de Notre-Dame-de-Santé, et aux diverses modifications qu'il a subies pendant plusieurs siècles. Nous signalerons les prodiges qui y sont arrivés, quelques-unes des grâces extraordinaires que la ville de Carpentras a reçues et qu'elle attribue justement à la protection de la Vierge par excellence. L'histoire de ce sanctuaire, si célèbre dans le diocèse d'Avignon, pourra être de quelque utilité au double point de vue religieux et archéologique. Les habitants de la cité et les nombreux chrétiens, qui viennent y chercher lumière et consolation, liront sans doute avec intérêt ces pages inspirées par la reconnaissance. Le souvenir de la protection séculaire, que Marie a exercée sur cette ville dévouée à sa gloire, deviendra pour nous tous un motif de conserver et d'augmenter encore une dévotion que nous avons reçue de nos pères, et cette Mère bénie, sensible à nos hommages, signalera sur nous son amour par de nouveaux bienfaits.

## CHAPITRE PREMIER

### Origine du sanctuaire de Notre-Dame-de-Santé.

L'origine de ce sanctuaire remonte, d'après quelques auteurs (1), au commencement du quinzième siècle. En 1357, les habitants de Carpentras entouraient leur ville de nouveaux remparts, et poursuivaient ce travail avec une

(1) Lettre à M. le comte de Grimaldi, sous-préfet de Carpentras, *sur l'établissement de la chapelle de Notre-Dame-de-Santé,* par M. Olivier Vitalis, bibliothécaire, p. 2.
Notice historique sur la ville de Carpentras, par M. Charles Cottier, p. 134, note.

énergique persévérance, grâce aux généreux secours qu'ils recevaient des papes, souverains du Comtat Venaissin (1). Pendant que toute la ville était en mouvement pour mener à bonne fin ce grand ouvrage, plusieurs bandes de soldats licenciés, qui, depuis les dernières guerres, s'étaient habitués à vivre de pillages et infestaient le Comtat, venaient jusqu'au pied des remparts en construction, renversant les murs qu'on élevait, inquiétant les travailleurs, pillant et dévastant tout ce qui se trouvait sur leur passage. Plus d'une fois, les ouvriers durent quitter la pioche et le marteau pour prendre les armes, afin de protéger leurs travaux et de défendre leurs personnes. Les habitants parvinrent, non sans peine, à expulser de la cité et du territoire ces bandes redoutées. Mais la crainte qu'elles avaient inspirée fut telle, qu'on crut devoir prendre de sévères précautions pour empêcher leur retour. On établit un corps de garde sur le pont de Serres dont la construction date de 1401. Cette pieuse milice, convaincue que *si Dieu lui-même ne protège la cité, c'est en vain que veillent ceux qui sont préposés à sa garde* (2), éleva, à côté du corps de garde, un oratoire dédié à la Sainte Vierge. L'expérience lui avait fait comprendre qu'on ne va à Dieu que par Marie, que sa médiation

---

(1) On sait que le Jeudi-Saint, 12 avril 1229, fut conclu à Paris, entre S$^t$-Louis, Raimond VII et le cardinal Raimond de S$^t$-Ange, le traité de paix, par lequel le Venaissin fut donné au S$^t$-Siége, et le roi de France acquit tout ce qui appartenait à Raimond sur la rive droite du Rhône.

(2) Nisi Dominus custodierit civitatem, frustrà vigilat qui custodit eam. Ps. 126.

est plus utile et sa protection plus efficace dans tous les périls *qu'une armée rangée en bataille* (1).

Dès lors, la Mère de Dieu fut honorée dans ce modeste oratoire. On se consacra avec un dévouement filial à son service; les sentinelles furent spécialement chargées d'acquitter, au nom de la ville, le tribut de la louange perpétuelle, et l'on se crut en sûreté, après avoir établi ce poste avancé si précieux à la piété chrétienne. Nos pères ne furent point trompés dans leurs espérances. Du jour que Marie eut été choisie pour gardienne de la cité, elle veilla sans cesse à sa défense, elle devint sa sauvegarde, et ne permit plus que de nouvelles incursions vinssent effrayer ses enfants.

Jusqu'ici, nous ne nous sommes appuyé que sur les appréciations de deux auteurs, pour établir l'origine de ce sanctuaire de Marie; les pièces justificatives nous ayant fait défaut, pour vérifier la date qu'ils ont cru devoir lui assigner. Nous sommes heureux de sortir de la probabilité dès à présent, et nous arrivons à des dates certaines et précises.

L'an 1533, M. l'abbé de Méry, prêtre bénéficier de la Cathédrale de S<sup>t</sup>-Siffrein, fonda, à perpétuité, dans la *Chapelle du pont de Serres*, que la piété des fidèles appela plus tard du nom de Notre-Dame-de-Santé, une messe, que l'on célébrait, tous les samedis de l'année, pour lui et ses proches.

L'acte de fondation, que nous relatons in-extenso aux pièces justificatives n° 1, porte qu'il venait de bâtir cet édifice pieux de ses

(1) Terribilis ut castrorum acies ordinata. Cant. 6, 3.

propres deniers. Il fonda également une autre messe pour tous les jeudis de l'année aux intentions précitées. Celle-ci devait se dire au maître-autel de la cathédrale. MM. les chanoines et les prêtres bénéficiers étaient tenus de s'acquitter, à tour de rôle, de ces augustes fonctions dans ces divers lieux consacrés au culte, et ils recevaient chaque fois pour honoraire un gros et six deniers (1). L'acte fut dressé dans la chapelle de la sacristie de Saint-Siffrein par Me Romain Filioli, en présence du fondateur, de cinq chanoines et de seize prêtres bénéficiers, dont les noms sont écrits dans l'acte.

M. l'abbé de Méry avait compris avec saint Bernard, que *nous avons besoin d'intercesseur pour nous présenter à Jésus-Christ, et qu'il n'y a pas de médiatrice plus puissante que Marie* (2). La ville en fit bientôt une heureuse expérience, et toujours les habitants de la cité eurent à bénir celui qui avait doté leur pays de ce sanctuaire, où la piété va se recueillir plus profondémemt, et où il semble que la prière monte plus facilement au ciel, comme un parfum d'agréable odeur.

(2) D'après Ducange, le gros teston valait 10 sous tournois, sous François 1er. (Glossarium ad scriptores mediæ et infimæ latinitatis, etc., tom. 4, p. 965).

(1) Opus est enim mediatore ad mediatorem Christum : nec alter nobis utilior quam Maria. D. Bernard in serm. de 12 stellis.

## CHAPITRE II.

Différentes époques où les habitants de Carpentras ont eu recours à Notre-Dame-de-Santé, et motifs de ce recours.

### La Guerre des Huguenots.

« En 1562, la guerre des Huguenots mit le
» pays dans un étrange péril. Le poste du pont
» de Serres devint essentiel, et les soldats
» catholiques se mirent sous la protection
» plus spéciale de la Sainte Vierge, qu'on
» honorait dans la petite chapelle du corps
» de garde. Le baron des Adrets (1) ne crut
» pas devoir entreprendre de le forcer, il
» campa près de l'aqueduc (2). La ville, dit
» M. Cottier, ne renfermoit alors que sept
» compagnies de troupes réglées, mais les
» habitants étoient tous devenus soldats. Dès
» la première nuit, l'on fit une sortie, l'on
» attaqua un quartier des ennemis, qui fut
» mis en désordre, et après avoir tué plusieurs
» de leurs soldats, on se retira dans la ville.
» Quelques jours après, un canonnier de Car-
» pentras tira une couleuvrine dont le boulet

(1) François de Beaumont, baron des Adrets, né en 1513, en Dauphiné, fit glorieusement ses premières armes sous Lautrec, Montluc, Montmorency : puis embrassa la cause des réformés, parce qu'il avait personnellement à se plaindre du duc de Guise; il prit différentes ville sur les catholiques, spécialement dans le Comtat-Venaissin, et se signala autant par sa valeur que par sa cruauté envers les vaincus. Il passa ensuite du côté des catholiques, par dépit de n'avoir pu obtenir le gouvernement du Lyonnais, et mourut, méprisé et abhorré des deux partis, en 1586. Voir le dict. des dates. V° Beaumont (François de).

(2) Lettre à M. le Comte de Grimaldi, déjà citée p. 3.

» donna dans la tente du baron des Adrets,
» et faillit à le tuer ; ce fut alors que, trans-
» porté de rage, ce chef des Huguenots se
» tournant du côté des bannis et des traîtres
» qui l'avaient trompé, s'écria : *Gens de*
» *Carpentras, ce sont donc là les clefs que*
» *vous m'aviez promises.*

« Cependant Fabrice Serbelloni, général des troupes du pape, se disposoit à venir au secours de Carpentras, à la tête d'un grand nombre de catholiques, qui s'étoient réunis sous ses ordres ; mais la bravoure et la bonne contenance des assiégés suffirent pour faire retirer le baron des Adrets. En effet, il fit lever le siège, la nuit du 3 au 4 du mois d'août (1). »

Marie, qui écoute avec tendresse la voix de l'enfant qui la prie, les cris des opprimés qui l'invoquent, les larmes des malheureux qui l'implorent, avait déjà exaucé les vœux des travailleurs qui s'occupaient à ceindre cette ville de murs de défense ; elle avait secouru avec empressement les chrétiens fidèles à son amour qui l'avaient conjurée de les défendre contre leurs ennemis et les siens. Ces prodiges ne furent pas les seuls qui signalèrent sa protection et sa sollicitude maternelle pour ses enfants. Des inondations épouvantables, des pestes cruelles, des hordes de vandales qui, la torche à la main, menaçaient de mettre tout à feu et à sang, furent arrêtées, dissipées par la main puissante de la Vierge, que l'Église appelle à si juste titre *le secours des chrétiens,*

(1) Notice historique sur la ville de Carpentras, p. 89-90.

*la consolatrice des affligés,* le canal de toutes les grâces.

## L'Inondation de 1622.

Laissons parler les chroniqueurs : leur style naïf semble avoir conservé l'empreinte de la foi d'un autre âge, quand ils nous racontent les merveilles qui en ont été les fruits.

« Il y a, dit Barbier (1), une grande dévotion à la chapelle de Nostre-Dame posée sur le pont de Serres proche de la uille et du quartier de la porte d'Orange. A quoy faut remarquer qu'en l'année 1622 et le 22 du mois d'aoust, par un grand déluge extraordinairement arriva et pleu deux iours et nuits entières ce ne soient esté sans de grandes pertes et ruines aux lieux terres et granges voisines de ce pays, les riuières et les torrents ayant estrangement et prodigieusement desbordés, et entre autres ruines ensuiuies ayant esté tout affaict renuersés et emportés les deux arcts dud. pont dont n'en seroit resté que lad. chapelle conseruée bien que agitée de la uiolence des gros arbres qui hurtoient impétueusement contre icelle, et l'eau surpassant led. pont uersoit abondamment dans lad. chapelle; la despense pour le redressement dud. pont ayant esté d'enuiron trois mille escus à la uille. Ne faut obmettre l'escript que feust faict et se ligt à l'entrée de lad. chapelle du temps du desluge susmentionné de l'année 1622 : auquel est marqué comme par un

(1) Manuscrit d'Antoine Barbier intitulé : *Eloges et remarques pour le diocèse de Carpentras,* lequel se trouve dans la bibliothèque publique de cette ville, p. 126-129.

miracle particulier auoir esté conservée entre les deux arcts dud. pont emporté par l'impétuosité des eaux comme dict a esté. »

Voici la traduction en français de cette inscription lapidaire (1) :

En l'honneur du Dieu infiniment bon et infiniment grand.

L'an de Notre Seigneur 1622, à la suite d'une sécheresse qui, pendant six mois, avait brûlé nos campagnes, tout-à-coup une pluie torrentielle tomba le jour de la fête de S<sup>t</sup> Barthélemy, et la rivière de l'Auson déborda prodigieusement. Plusieurs arbres furent déracinés par la violence de l'orage qui se prolongea pendant longtemps, et ayant été emportés et lancés par les courants contre les deux arches du pont de Serres, ils les renversèrent et les détruisirent entièrement. Le conseil de ville, s'étant assemblé de suite après cette catastrophe, prit une délibération en vertu de laquelle il fut résolu de jeter sur cette rivière un autre pont plus grand et plus commode que le premier. On y mit la main sur le champ, et cette reconstruction se fit sous

(1)  D. O. M.
Anno Domini MDCXXII.
Desideratis pluuiis per semestre festiuo tandem die sancti Bartholomei repentinis aquis undequaque fluentibus et breuibus horis excreto admodum ausoni flumine condensarumque arborum in pontem Serrarum irruente impetu factaque congerie illoque in duabus extremis partibus destructo prouide deliberante consilio ampliato posteriore arcu publico œre ciuitatis Carpen : in utilius et commodius fuit recædificatus et auctus uigilentia magnificorum DD. Anth. Barbier J. U. D. Joannis Scipionis de Fougasses, domini de Sampson et francisi C. paulardi Graffarii Curiæ ordinarius consulum patrumque patriæ nec non Ponseti Brutinel thesaurarii 1623.

le patronage de MM. Antoine Barbier, docteur en droit canonique et civil; Jean Scipion de Fougasse, seigneur de Sampson ; et François C. Paulard, greffier ordinaire de la cour épiscopale, consuls et pères de la patrie ; ainsi que par les soins de Poncet Brutinel, trésorier (1), en l'année 1623.

## La Peste.

Un autre fléau, plus cruel et plus terrible que ceux que nous venons de signaler, la peste, s'était manifestée, à diverses époques, dans ces contrées. Un cordon sanitaire fut presque toujours formé pour isoler la ville de Carpentras et empêcher l'accès des étrangers qui pouvaient être atteints de l'épidémie. Le pont de Serres où des soldats étaient en station, fut reconnu propre à l'établissement de ce cordon. Sur la même ligne, en-delà de la rivière, un hôpital pour les pestiférés avait été bâti en 1536 (2).

(1) Quand le sanctuaire de Notre-Dame-de-Santé fut agrandi en 1747 par Mgr d'Inguimbert, Evêque de cette ville, cette inscription lapidaire fut ôtée de la place qu'elle occupait. Elle se trouve aujourd'hui dans le corridor qui conduit à la sacristie, incrustée dans le mur à gauche en entrant.

(2) Au-dessus de l'ancien portail de ce bâtiment, qui est aujourd'hui muré, on voit les armes de la ville, et au-dessous l'inscription suivante, en caractère gothique : *Erexit qui egris grata hec habitacula mestis noverat is celo que placitura forent*. Anno MCCCCCXXXVI die X maii. Pour aider à sa construction, tous les habitants et même le clergé furent taxés et imposés selon leur rang.

En 1710 la ville le fit entièrement réparer, c'est alors que fut faite l'inscription suivante, qui se trouve dans ce bâtiment, au fond du corridor : D. O M. Has pestilentium œdes injuria temporum pene dirutas, epidemicum civibus morbum minante

Toutefois, en 1587 et en 1628, la peste franchit toutes ces barrières.

A cette dernière époque, elle fut si désastreuse, que plus de trois mille habitants périrent victimes de ce fléau qui avait commencé au mois de novembre (1).

Monseigneur Perse Caraccio, protonotaire du Saint-Siège, qui était alors recteur du Comtat, se donna les plus grands soins pour faire distribuer au peuple tous les remèdes spirituels et temporels, et, pendant dix-huit mois, il se conduisit non moins en père tendre qu'en gouverneur vigilant (2).

Messieurs Guillaume Joannis, docteur en droit canon et civil; Jacques de Grandis, chevalier; et Poncet Brutinel, qui étaient consuls, après avoir pourvu à tout ce que la prudence humaine pouvait leur inspirer, avaient mis la

Deo, de senatus sententia, et benigniter promovente Ill<sup>mo</sup> Rev<sup>mo</sup> D<sup>no</sup> Bernardino Guinigi, hujus provinciæ venaissinæ rectore integerrimo, festinanter refici curarunt, ære publico, nob. et magnif. domini Paul Hiacinth. de Lantiani J. U. D. Tho. de chorne de la Palun œques, et Alex. Vallonbiere. Coss. die X maii 1710. Cet édifice n'a pas été rendu à sa destination première; c'est aujourd'hui une maison de campagne appartenant à M. Pascal, on y voit encore les inscriptions que nous avons relatées.

(1) Il est faux qu'il soit mort trois mille personnes dans le seul mois de novembre, comme l'affirme Cottier dans sa *Notice historique sur la ville de Carpentras*.

Fermin, témoin oculaire, ne compte que 38 décès en ce mois, et deux cent soixante-trois depuis le commencement de novembre 1628 jusqu'au 23 février 1629, dans le manuscrit dont il est l'auteur, lequel a pour titre : *Sommaire historique de la contagion arrivée en la cité de Carpentras ès années 1628 et 1629*, p. 7, 22 et 74. Ce manuscrit se trouve dans les archives de l'hôtel de ville.

(2) Notices historiques concernant les recteurs du ci-devant Comté-Venaissin, recueillies par Charles Cottier. p. 287.

— 16 —

ville sous la protection spéciale de la Sainte Vierge. Leur confiance ne fut point trompée. Le signal de la grâce fut donné par le ciel. Un prodige dont le souvenir ne s'effacera jamais de la mémoire des habitants, et qui a été constaté dans les registres de la commune et dans des inscriptions monumentales, eut lieu le 10 juillet 1629 : La cloche de l'oratoire du pont de Serres se fit entendre à trois heures du matin. Les habitants des campagnes voisines, surpris, se rendirent avec empressement à la chapelle, et ils remarquèrent avec admiration que, quoique personne ne touchât à la cloche, elle se balançait spontanément. Elle sonna encore plus d'un quart d'heure en leur présence ; ce qu'ils confirmèrent sous la foi du serment en présence de M. Villardi, vicaire général de l'Évêque.

De ce moment, la contagion diminua d'intensité, et, peu de temps après, elle avait cessé entièrement.

« Les habitants, jusqu'alors concentrés dans
» leurs murs, déposèrent toute crainte ; ils
» accoururent à cette invitation, et reconnu-
» rent, dans ce signe qui ranimait leur con-
» fiance, un nouveau titre à leur action de
» grâce envers la Sainte Vierge honorée dans
» cette chapelle (1). »

Nous avons dit que le prodige que nous signalons a été constaté dans les registres de la commune ; nous lisons en effet ce qui suit dans le journal de Fermin que nous avons déjà cité :

« Du mardi dixiesme juillet 1629. On a

(1) L'abbé Olivier, loc. cit. p. 6.

» rapporté que les grangers d'alentour du
» pont de Serres ayants entendu clocher à
» Nostre Dame dudict ponct, sur les 3 heures
» du matin, estonnés et toutesfois curieux de
» scavoir que c'estoyt, y accoururent uiste-
» ment, et ueirent que la clochete de ladicte
» chapelle sonnoit d'elle mesme, et continua
» de sonner à leur présence, durant un gros
» quart d'heure, la chaspelle estant pour
» lors fermée, et n'ayant ueu ny dedans ny
» dehors ny sur la chapelle personne que
« l'heust peüe sonner. »

« A esté ueüe sonner un austre fois d'esle
» mesme par des passants. »

« Et du tout a esté faict uerbail et enqueste
» à l'instance de messieurs les consuls, escri-
» uant M. Fabri, notaire, pour le secrétaire
» de l'Evesché. »

« A raison de quoy, notre déplorable uille
» se sentant excitée par un miracle si signallé
» à une déuotion particulière enuers Nostre-
» Dame par l'intercession de laquelle nous
» espérons entière guérison, a fondé une
» messe perpétuelle à ladicte chapelle, et y
» va touts les dimanches après vespres en
» procession (1). »

On lit sur une pierre incrustée dans le mur de la sacristie de ladite chapelle, une inscription qui sert à attester ce miracle. Voici cette inscription :

« Ecoute voyageur ce que proclame cette pierre : Tu vois la petite cloche de cet oratoire consacré à la Vierge. Lorsqu'une peste

(1) Sommaire historique de la contagion arrivée en la cité de Carpentras ès années 1628 et 1629, etc. p. 158 et v°.

— 18 —

effroyable désolait ce peuple, elle sonna d'elle-même plus d'une fois. Les habitants accoururent; la Vierge protectrice les secourut et fit cesser la contagion. Ensuite de ce miracle, les consuls reconnaissants votèrent la fondation d'une messe quotidienne à célébrer perpétuellement dans cette chapelle.

Cette pierre consacre et explique cet heureux souvenir. Voyageur, sois-en auprès des tiens l'interprète, et va-t-en. Année 1630, Arnaud Gualtéri, docteur en droit, Scipion de Fongasses, de Sampzon, Simeon Duchayne, consuls de Carpentras et seigneurs de Serres (1). »

Voici comment Barbier, qui écrivait son manuscrit en 1634, quelques années seulement

---

(1) AVDI-VIATOR-QVOD-SILECS-HAVT-SILET-ECCVM-PARTHENEII-VIDES-TINNIBVLVM-CVM-HORNA-PESTIS-POP.-OPPVVIRET-SAEPE-IN-PONTE-SPONTE-CLANCSIT-ADCVCVRRIT-PLEBES-OPS-FVIT-OPT-VIRAGO-LVEMQVE-LVIT-POSTIDAC-PIENT-COSS-AIDEIS-SACRO-MACTARE-PERENNAT-COTIDIE-SACRVM-ECCERE-INDECS-SACSVM-EST-FAVSTVM-HABES-HERMEIVM-HOSPESTVIS-HERMES-FEITO-ET-ABEI,-AN-CIƆ-IƆCXXX.-COSS-D-AR-NVL-GALTERII-I.V.D.-D-IO.-SCIP.-DE-FOUGASSES-DYNASTA-DE-SAMPZON-D-SIMEON-DV-CHAYNE-DD.-DE-SERRES.

Audi, viator, quod silex iste refert : ecce hû sacelli virginis vides tinnibulum. Cum annua pestis populum opprimeret, sæpe in ponte sponte clanxit : Accucurrit plebs; opem præbuit optima virgo, quæ contagionem cessare fecit. Exindè piissimi consules decoraverunt hoc sacellum sacrificio in perpetuum quotidiano, ex eâ re saxum istud est solemne testimonium. Hospes, faustum accipis nuntium. Nuntius esto hujus tuis concivibus, et abi.

Anno 1630, consulibus dno Arnulpho Gualterii, juris utriusque doctore; dno Johanne Scipione de Fougasses; dno de Sampzon; dno Simeone Duchayne, dnis de Serres.

L'auteur de cette inscription est M. Arnaud de Gualteri.

après le fait miraculeux, le raconte avec ingénuité :

« C'estoit en uisitant icelle ( la cha-
» pelle de la Sainte Vierge) que durant les
» excès mortels des contagions des années
» 1628 et 29 et de la reprise du mal en 1631 :
» que les pauvres habitants qui n'auoient eu
» le moyen pour l'éuiter par le moyen de la
» fuite comme les bien aisés, ils alloient re-
» courir au remède de la Vierge, au saint
» lieu ou faisants des uœux, les déuots res-
» sentoient des soulagements bien grands en
» leurs aduersités; de sorte que, par un mi-
» racle asseuré et recogneu, et duquel les
» preuues en furent faites authentiquement
» de l'authorité du vicaire général M. Villardi;
» du seigneur Euesque (M$^{gr}$ Cosme Bardi);
» feust neue, et ouïe lad. cloche de lad. cha-
» pelle sonner d'elle mesme plusieurs fois,
» en signe que cette très-sacrée Vierge la
» mère de Dieu auait obtenu ceste grâce,
» pour la uille affligée, de la cessation dud.
» mal contagieux comme en effaict du depuis
» et tout-à-coup les excès finissants, la santé
» s'ensuiuit ; ce qui a obligé lesd. citoyens
» par un mutuel accord de nommer ceste
» sainte chapelle, n'ayant deuant que le nom
» du pont de Serres, receust le tittre de
» Notre-Dame-de-Santé, à l'honneur de la-
» quelle des indulgences plénières feurent
» concédées pour le iour et feste de l'Assomp-
» tion ou toute la uille accourt et les estran-
» gers ont accoustumé la uenir uisiter, mes-
» mement les pénitents des lieux circonuoi-
» sins estant toute remplie dedans et dehors

» des vœux particuliers, des cierges et
» offrandes (1). »

Parmi les personnes qui se signalèrent par leur zèle et par leur dévouement à secourir les infortunés atteints du mal contagieux, on distingua M. Villardi, vicaire général de M$^{gr}$ Bardi, simultanément vice-légat d'Avignon et Évêque de Carpentras, M$^{gr}$ Caraccio, recteur du Comtat, promu quelque temps après à l'évêché de Larino, MM. Dantollon, de Blégiers et de Thesan, consuls de la ville, M. Arnoux Gualteri, honoré ensuite de l'office de procureur général des trois états du Comtat, et surtout M. Magnan, chanoine pénitencier de la cathédrale, qui porta, avec une ferveur angélique, le S$^t$ Clou par la ville au milieu du concours des pieux fidèles.

La reconnaissance nous fait un devoir de payer aussi un juste tribut d'éloge au dévouement du R. P. Jacques, jésuite, qui, quoique sexagénaire, n'écouta que son zèle pour aller au secours des pestiférés, et, victime de sa charité, succomba, quelques mois après, épuisé de fatigue. « Ce bon et fidèle serviteur, » dit Barbier, se consola, pressé des douleurs

(1) Barbier, loc. cit. p. 126 et v° et 127. Nous remarquerons, en passant, que la ville de Parlerme était, à la même époque, affligée du fléau de la peste, et que cinq jours après la date que nous venons de signaler, c'est-à-dire le 15 juillet 1629, les habitants de ladite ville ayant découvert le corps de S$^{te}$ Rosalie, le portèrent autour de leur cité processionnellement, et que soudain la contagion disparut entièrement.

500 ans avant cette même époque, l'an 1129, on porta aussi processionnellement la chasse de S$^{te}$ Geneviève à la cathédrale de Paris ; au moment où elle franchit le seuil de l'église, *le mal des ardents* cessa tout-à-coup, et les malades recouvrèrent la santé.

» contagieuses comme il avoit accoustumé de
» faire ceux qui en estoient atteints, pour
» lesquels il s'estoit sacrifié (1). »

Le P. Aude, observantin, exerça auprès des malades sa sollicitude d'une manière très-utile, au double point de vue de la paix des consciences et des intérêts des familles. Investi, par l'autorité du Recteur et des consuls, du titre de notaire, il en remplit les pénibles fonctions en ces temps désastreux, et écrivit les testaments et donations pour cause de mort de tous ces infortunés qu'on n'osait approcher. Lui les abordait avec un air serein, leur faisait entendre la parole qui console, relevait leur courage par la perspective des récompenses immortelles, leur apportait avec bonheur les secours de la religion; ensuite, ayant recueilli leurs dernières volontés, il les écrivait avec cette patience admirable et cette charité héroïque que donne seule la sainteté, et allait déposer ces actes dans la maison commune pour la paix des familles et le bien public. Atteint du mal contagieux, en exerçant ce laborieux et dangereux ministère, il en triompha par la grâce de Dieu et la vigueur de son tempérament. Il put encore se rendre utile à sa communauté.

Mais « quelques années après, Dieu voulant
» qu'il ressentit des doleurs en ses ulcères qui
» ne peurent jamais estre consolidés, et à
» l'imitation de son glorieux père S$^t$ François
» fluant tousiours l'humeur, luy auroit auancé
» son trépas par une vie languissante affin

(1) Barbier, loc. cit. p. 206.

» d'en recepvoir des récompenses éternelles
» de ses glorieux travaux (1). »

## CHAPITRE III.

Fondation de la Chapellenie de Notre-Dame-du-Pont-de-Serres.—Vœu de Ville.—Origine de la fête de Notre-Dame-de-Santé.

Du moment que la cloche de la chapelle vénérée eut tinté sous la pression d'une main céleste, et que le S$^t$-Clou eut été exposé à la vénération des habitants consternés, et porté processionnellement tout autour de la ville, accompagné du pieux cortège des fidèles, *Dieu*, disent les historiens de l'époque, *retira sa main, et le mal cessa*.

(1) Barbier, loc. cit. p. 207 et v°.
Cet auteur nous a conservé une pièce de poésie à la louange du P. Aude, à la fin de son mst. il l'a intitulée : *Epigramma meritorum*, la voici :

Quæ tna mira (Audi) fuerint virtutibus, audi
E cœlo, pestis dûm tibi cura fuit.
Commissumque gregi Carpen : diro ulcera munus
Parrochi, ut et medici cui tibi cura fuit.
Ictis vita fuit morbi medicamine christus
Sacramentorum dum tibi cura fuit.
Tu testatorum legum datus urbe fidelis
Creditus es scriptis dum tibi cura fuit.
Ægris *purus* eras *radius dious pater* omen
Peste *vis* in *durâ* cura corona fuit.
(Loc. cit. p. 128).

Nous avons souligné sept mots, parce qu'ils font allusion à trois anagrammes composées sur le nom de ce zélé Père de l'Observance. Il est probable que Barbier en est l'auteur. Les voici :

Petrus audi. Petrus audie. Petrus audius.
Anagramme :   an.         an.
Divus pater. Vis peste durà. Te purus radius.
Pièces justificatives n° 2.

En action de grâces de ce bienfait, la ville de Carpentras fonda une messe quotidienne dans l'oratoire de Notre-Dame-de-Santé, avec érection d'un bénéfice perpétuel, dont elle se réserva le patronage. En même temps elle fit un vœu, à la suite duquel les consuls se rendirent, chaque année, à cette chapelle, le 10 juillet, jour anniversaire du miracle, pour y entendre la messe, et faire une offrande en cire.

Deux actes de fondation furent dressés à ce sujet par M$^e$ Esberard, notaire de Carpentras, à la réquisition des consuls.

Dans le 1$^{er}$, qui porte la date du 7 janvier 1630, il est dit 1°, que les consuls Gualtéri, de Sampson et Duchêne ont fondé à perpétuité, au nom de la ville, une messe basse qui sera célébrée chaque jour, dans la chapelle de Notre-Dame-de-Miséricorde et de Santé, laquelle messe sera suivie du chant des litanies de la très-Sainte Vierge, de l'antienne *Stella cœli extirpavit* (1), de l'oraison de

---

(1) PRIÈRE A NOTRE-DAME-DE-SANTÉ.

ANTIENNE.

Stella cœli extirpavit, quæ lactavit Dominum, mortis pestem quam plantavit primus parens hominum : ipsa stella nunc dignetur sidera compescere, quorum bella plebem cædunt diræ mortis ulcere, O piissima stella maris, à peste succurre nobis. Audi nos, Maria, nam Filius tuus nihil negans te honorat. Salva nos, Jesu, pro quibus Virgo Mater te orat.

V. Ora pro nobis beatissima Virgo Dei genitrix ;
R. Quæ contrivisti caput Serpentis, auxiliare nobis.

OREMUS.

Deus misericordiæ, Deus pietatis, Deus indulgentiæ, qui misertus es super afflictionem populi tui, et dixisti Angelo percutienti populum tuum, contine manum tuam : ob amo-

cette antienne et d'une prière pour les fidèles défunts ; 2° Que le Recteur qui sera présenté par les consuls à l'Ordinaire pour desservir cette chapelle doit être originaire de Carpenpentras, et avoir son domicile dans la cité ; 3° Qu'il lui sera assigné pour son traitement une pension de 24 écus, de la valeur de soixante gros ; 4° Que l'intention desdits consuls et fondateurs serait d'agrandir et de décorer ledit sanctuaire pour rendre à Dieu et à la Vierge, mère de Dieu, une plus grande gloire, mais que, ne pouvant le faire présentement vu les dépenses énormes que la ville s'est imposée dans le temps calamiteux de la contagion, sans compter les dépenses courantes, ils désirent que l'on conserve les aumônes et les offrandes qui seront faites dans ledit sanctuaire, pour être employées plus tard à cette fin.

Dans le 2$^{me}$ acte dressé par le notaire précité, portant la date du 5 avril 1630, et dans lequel le premier est rapporté *in extenso*, il est dit : 1° que, par un juste jugement de Dieu, la ville de Carpentras fut éprouvée cruellement par la peste depuis le mois de novembre 1628 jusqu'au mois d'août 1629 ; qu'il périt environ 3,000 personnes frappées du mal contagieux ; que pour apaiser la colère du ciel, plusieurs processions et prières publiques furent faites par ordre de M. Ray-

---

rem illius stellæ gloriosæ, cujus ubera pretiosa contra venenum nostrorum delictorum dulciter suxisti, præsta auxilium gratiæ tuæ, ut ab omni peste et improvisâ morte secure liberemur, et à totius perditionis incursu misericorditer salvemur. Per te, Jesu-Christe, Rex gloriæ, qui vivis et regnas in sæcula sæculorum. Amen.

mond Villard, docteur des décrets, protonotaire apostolique, archidiacre de l'Eglise cathédrale de Saint-Siffrein, vicaire et official général de M$^{gr}$ Cosme Bardi, Évêque de Carpentras ; que le cortège de ces processions de pénitence était composé dudit M. Raymond, des chanoines Claude Gauchier et Esprit Magnan, pénitencier, et de quelques autres prêtres ; qu'ils furent accompagnés dans ces pieuses cérémonies expiatoires de MM. les Consuls et de quelques personnes pieuses, qui eurent le courage de ne pas s'enfuir de la ville pour éviter la contagion ; que les consuls de ce temps ainsi que les anciens, après mûre délibération, et appuyés du suffrage de plusieurs habitants de la cité, surtout après les miracles arrivés, comme on le croit pieusement, à la chapelle de N.-D. du pont de Serres, dont la cloche placée sur le pinacle sonna d'elle-même bien souvent le matin et le soir sans aucun secours étranger, *absque ullo*, dit le texte, *alicujus personæ adjutorio vel industria, matutinis et vespertinis horis respectivè, nullo vento nec alio tempore impetuoso ausiliante*, que lesdits consuls et toute la ville, voyant qu'il n'y avait point d'espoir de salut et que les remèdes humains n'avaient aucun effet, avaient fait vœu, le 5 janvier 1630, de fonder une messe basse, dans cette chapelle, à perpétuité, comme il est rapporté dans l'acte susdit, et de réaliser ce vœu dans l'espace de six mois ; 2° Qu'en l'honneur de la Très-Sainte Vierge et en mémoire du jour (10 juillet) que la cloche de la chapelle de N.-D. du pont de Serres sonna vers les trois heures du matin, les consuls fondent une grand messe à perpétuité, qui sera chantée tous les ans, le jour précité, dans ladite chapelle par le recteur, avec diacre et sous-diacre, à 3 heures du matin (1); 3° que ledit Recteur invitera les consuls, le trésorier, les conseillers et les autres citoyens de Carpentras à cette solennité ; 4° Que les consuls et le trésorier apporteront chacun un cierge d'un quart de livre, qui sera allumé pendant l'auguste sacrifice, et brûlera dans l'enceinte du Saint lieu, en l'honneur de Dieu et de la Vierge, pour attester que les habitants de cette ville remercient le Seigneur et la bonne Mère de leur avoir rendu la santé ; 5° Que le trésorier donnera 5 florins au Recteur tous les ans, le 10 juillet, pour l'acquit de cette fondation.

Les deux fondations furent approuvées le 5 avril, an que dessus, par M. Raymond Villard, en l'absence de M$^{gr}$ Cosme Bardi. Il érigea ladite chapelle en titre de bénéfice perpétuel ecclésiastique, toutefois sans préjudice de l'autorité de Monseigneur l'Évêque, sans préjudice encore des droits et de la prééminence de l'Église matrice et du chapitre de Carpentras. Il ajouta aux dites fondations ces deux clauses : la 1$^{re}$, que le Recteur qui sera nommé ayant en sa possession les clefs de la chapelle, sera tenu de l'ouvrir, du 1$^{er}$ mai à la S$^t$ Michel, tous les jours de 6 à 9 heures du matin, et le reste de l'année, de 7 à 10. La 2$^{me}$, que ledit Recteur sera obligé de donner les ornements et autres choses nécessaires aux prêtres qui viendront y célébrer le Saint Sacrifice.

(1) Voir à la fin de cette notice.

Le même jour, l'abbé Esprit Barthoquin fut présenté par les consuls à M. Villard pour ce bénéfice. M. Villard l'agréa, il l'institua chapelain de N.-D.-de-Miséricorde et de Santé, et il procéda sur le champ à la cérémonie de l'installation et de la mise en possession en la forme suivante : Il lui mit un biret sur la tête, ouvrit le livre des saints Évangiles et lui ordonna de prêter le serment accoutumé. L'abbé Barthoquin se découvrit, se mit à genoux, et, portant la main sur le livre sacré, il fit profession de la foi catholique et jura d'y être fidèle, selon le rit de la sainte Église Romaine et la forme de la constitution de Pie IV. (1)

Les consuls se rendirent toutes les années, le 10 juillet, à la chapelle de Notre-Dame-de-Santé pour réaliser le vœu de leurs prédécesseurs et de la cité.

Nos autorités municipales qui leur ont succédé, mues par les mêmes sentiments religieux, ont continué avec fidélité d'accomplir ce vœu.

On les voit, au jour de la reconnaissance, assister avec recueillement, un flambeau à la main, à l'auguste sacrifice qui s'offre dans la chapelle vénérée, pour rendre à Dieu de solennelles actions de grâces pour tous ses bienfaits, et le remercier, en particulier, d'avoir éloigné de notre ville, par la main miséricordieuse de Marie, le fléau dévastateur. Honneur à ces excellents magistrats ! ils ne seront jamais si dignes de porter les insignes de l'autorité, que lorsque, après avoir rempli avec fidélité leur mandat, au moment où le peuple fera éclater les sentiments de sa légitime reconnaissance, ils courberont leur front

(1) Pièce justificative n° 5.

devant le Dieu grand, et qu'ils diront avec Bossuet : *Seigneur, de vous seul relève toute grandeur.*

## CHAPITRE IV.

### Agrandissement de la Chapelle de Notre-Dame-de-Santé, sous l'épiscopat de Mgr d'Inguimbert.

La peste fit des ravages affreux, à Marseille surtout, dans les années 1720 et 1721; l'immortel de Belzunce, évêque de cette ville, qui signala son zèle et sa charité durant ce fléau, courant de rue en rue pour porter les secours temporels et spirituels à ses ouailles, fit alors l'admiration de toute l'Europe. Bientôt la contagion franchit le Rhône et la Durance; Avignon, Orange et plusieurs villages voisins de ces pays en ressentirent l'influence. La ville de Carpentras en fut exempte, malgré l'affluence extraordinaire des étrangers, qui s'étaient réfugiés dans ses murs. Il est vrai que toutes les précautions furent prises par les consuls, pour empêcher l'épidémie d'aborder la cité; un cordon sanitaire avait été établi sur le pont de Serres.

« La garde des portes de la ville, dit Cottier,
» fut faite, à tour de rôle, par les artisans
» et les paysans, sous les ordres d'un gentil-
» homme aidé d'un prêtre, d'un avocat et
» d'un bourgeois, pour vérifier l'entrée et la
» sortie des habitants et des étrangers. En-
» suite, par lettres-patentes du 23 septembre
» 1721, le Recteur (Gasparini) créa une com-
» pagnie fixe de cent hommes, dont le com-

» mandement fut attribué au second consul,
» et qui fut soldée aux frais de la commune,
» d'après la délibération prise à cet égard
» par le conseil municipal, le 7 décembre
» suivant. Pour mieux empêcher toute communi-
» cation qui aurait pu propager la maladie que
» l'on redoutait avec raison, une partie de
» cette garde soldée fut employée sur les
» limites qui séparaient le territoire de Car-
» pentras d'avec ceux des lieux infectés (1). »

Mais, après avoir fait tout ce que la prudence humaine suggérait, on avait eu recours aux moyens surnaturels, qui furent encore plus efficaces. Le S$^t$ Clou fut porté solennellement en procession par M$^{gr}$ Abbatti, évêque de cette ville, et exposé, pendant plusieurs jours, à l'adoration des fidèles (27 novembre 1720); ils firent monter vers le ciel le cri de leurs prières en présence de cette relique précieuse. Ils implorèrent aussi la médiation toute puissante de Notre-Dame-de-Santé, et le ciel ne fut pas sourd à leurs vœux. Tous les habitants attribuèrent, à juste titre, cette marque de la bonté divine au monument de la passion du Sauveur, dont nous venons de parler, et à la protection de la Sainte Vierge.

Pour conserver la mémoire de ce bienfait, la ville fit vœu de faire célébrer annuellement et à perpétuité, le 14 septembre, une messe dans l'Église de Saint-Siffrein. Et c'est alors aussi qu'on éleva par ses ordres, au-dessus de la porte latérale de cette cathédrale, une tri-

(1) Notice hist. concernant les recteurs du ci-devant Comté-Venaissin. p. 354.

bune en fer, d'où l'on donne la bénédiction du S<sup>t</sup> Clou.

Après avoir satisfait sa dévotion au S<sup>t</sup> Clou et accompli le vœu qu'elle avait fait, la ville sentait qu'elle avait encore un devoir à remplir. Elle tourna ses regards vers l'oratoire de Notre-Dame-de-Santé, lequel était si exigu, qu'à peine il pouvait contenir le prêtre qui célébrait le Saint-Sacrifice et le clerc qui l'assistait. Elle eut voulu témoigner sa reconnaissance à Notre-Dame, en agrandissant ce modeste oratoire, et en élevant un beau sanctuaire, digne de la Reine du ciel et de la terre. Ce généreux projet ne put toutefois se réaliser de quelque temps. Ce n'est pas qu'on n'eût employé les moyens les plus convenables pour se procurer des fonds : exhortations au concours de la bonne œuvre données par le premier pasteur du diocèse et les prédicateurs de la cité, souscriptions, quêtes à domicile, rien ne fut épargné. Le zèle fut très-actif, mais les circonstances n'étaient pas favorables pour le seconder. On terminait l'aqueduc des fontaines, « et les frais supportés par la com- » mune s'élevaient environ à 800,000 li- » vres (1) ; » somme énorme pour l'époque et pour le pays. Cependant on avait recueilli quelques offrandes destinées à la construction du nouvel édifice, et on avait hâte de les employer à un usage si saint. M. d'Allemand (2),

---

(1) Dict. de Barjavel, art. d'Allemand.
(2) D'Allemand, seigneur de Fenouillet, ingenieur du roi, naquit vers 1679, et mourut à Carpentras en 1760. Habile architecte, il fit servir ses connaissances à l'utilité et à l'embellissement de sa ville natale. Ce qui honore le plus ses talents, c'est le plan de l'Hôtel-Dieu, qu'il fit exécuter sous l'épiscopat de M<sup>gr</sup> d'Inguimbert.

qui avait la haute direction du travail de l'aqueduc, fut chargé de dresser le plan du nouveau sanctuaire de Notre-Dame. Le 23 mars 1732, le conseil de ville approuva ce plan et décida que l'enceinte de la chapelle serait agrandie, d'après le tracé qui lui avait été soumis. Ce ne fut pourtant qu'en 1734, après que l'aqueduc fut entièrement terminé, que l'on en commença la construction, sous l'épiscopat de M$^{gr}$ Abbatti. Les offrandes recueillies étant devenues insuffisantes pour achever l'édifice, et la ville ne pouvant pas, de quelque temps, s'imposer de nouvelles charges, à cause de ses embarras financiers, les travaux de la chapelle restèrent interrompus pendant treize années. On les reprit le 3 novembre 1747, lorsque M$^{gr}$ d'Inguimbert, successeur de M$^{gr}$ Abbatti, eut accordé 5,000 livres tournois, et l'on y mit la dernière main en 1748. Ce grand prélat bénit la chapelle le 7$^e$ jour du mois de septembre de la même année.

Rien ne pourrait exprimer l'allégresse des habitants, quand ils eurent appris que le Pontife allait procéder à cette pieuse cérémonie. Leurs pères avaient été délivrés de la peste, du jour qu'ayant invoqué Marie, ils avaient entendu le signal du pardon, qui leur fut annoncé par le son de la cloche du saint lieu. Eux avaient échappé à l'épidémie qui sévissait tout au tour du pays avec une cruauté inouïe, et la foi leur avait appris que la main miséricordieuse de Marie avait éloigné le terrible fléau. Aujourd'hui, à côté d'un aqueduc, ouvrage superbe d'architecture qui déroulait au loin ses 48 arcades, ils voyaient le monument élevé par la piété et la reconnaissance, que la main du Pontife allait bénir. Aussi tous les visages étaient épanouis, tous les cœurs s'ouvraient à la joie; l'on s'associa avec bonheur aux prières du digne Évêque pour faire monter vers le ciel l'hymne de l'action de grâce, et conjurer le père des miséricordes d'écouter favorablement les vœux qui seraient adressés à Marie, dans le sanctuaire consacré à sa gloire.

On dressa procès-verbal de la bénédiction de cette chapelle faite par M$^{gr}$ d'Inguimbert. En voici la teneur :

### Bénédiction de la Chapelle de Notre-Dame-de-Santé, sur le pont de Serre, hors et proche cette ville de Carpentras.

« L'an 1748, et le samedy septième jour du mois de septembre ; M$^{gr}$ l'Illustrissime et Révérendissime D. Malachie d'Inguimbert, par la grâce de Dieu et du S$^t$ Siège apostolique, Arch.-Évêque de cette ville de Carpentras, à la réquisition d'illustres et magnifiques seigneurs : noble Joseph-Louis-Xavier Fornery, doct$^r$ es-droit; messire Jean-Joseph-Siffrein De Tillia de Mot, S$^r$ d'Olonne, chevalier ; M. Joseph-Xavier Guyon, chirurgien, consuls dud. Carpentras, en compagnie d'iceux de nob. et révérende personne messire Joachim-Ignace de Florans, chanoine capiscol, coadjuteur de l'église cathédrale dud. Carpentras ; messire François-Xavier Garcin, aussi chanoine de lad. église ; de M$^{rs}$ Barthélemy-Joseph

Tissot, marchand-libraire, thrésorier de la communauté de cette ville, et François Fabre, major, de noble et illustre seigneur messire François-Siffrein de Georges de Guillomont, chevalier, coseigneur de Lagarde Pariol, et de M$^r$ Joseph-Siffrein Liotier, marchand, ex-consuls, et en cette qualité prieurs de la chapelle de Notre-Dame-de-Santé ou du pont de Serres (1), appartenant à la communauté de cette ville, de moy, secrétaire et chancelier et de sa suite ordinaire ; s'est acheminé et transporté à lad. chapelle de Notre-Dame-de-Santé, qui vient d'être nouvellement bâtie et perfectionnée par les libéralités et largesses de mond. seig$^r$ Arch.-Évêque, comme conste du prix fait que sad. Grandeur a donné à des maçons de cette dite ville, écrivant moy dit secrétaire le troisième novembre dernier à fol. 376 du livre temporel de cet Évêché ; où mond. seig$^r$ Arch.-Évêque est arrivé sur et environ les sept heures du matin, et sad. Grandeur ayant été revêtue des habits pontificaux, et lesdits chanoines, ses assistants, en rochet ou surplis, et plusieurs autres prêtres et ecclésiastiques ; requérant qui dessus et en présence des habitants cy-après nommés, a pontificalement béni lad. chapelle en dedans et en dehors, accompagné processionnellement desdits seigneurs consuls en chaperon, desdits seigneurs ex-consuls, thrésorier et major et d'une infinité d'autres personnes de distinction de l'un et de l'autre sexe, que la dévotion a attiré à cette cérémonie par la grande vénération que les cittoyens de Carpentras ont pour la Très-Sainte

(1) Pièces justificatives n° 4.

Vierge sous le titre de Notre-Dame-de-Santé, en faveur desquels, selon la tradition de nos ancêtres, elle a opéré plusieurs miracles.

Cette cérémonie finie, mond. seig$^r$ Arch.-Évêque a assisté avec tous les susnommés à la S$^{te}$ messe qui a été célébrée de son ordre par messire Antoine-Liberat Rigot, son premier ausmonier, après laquelle mond. seig$^r$ Arch.-Evêque a fait un discours au peuple pour l'exhorter toujours plus à continuer leur zèle et dévotion envers la Très-Sainte Vierge, et leur largesse pour la décoration de lad. chapelle de Notre-Dame-de-Santé, et a accordé, pendant l'espace d'une année, à compter de ce jour, quarante jours d'indulgence aux personnes de l'un et l'autre sexe toutes les fois qu'ils visiteront cette chapelle en y faisant les prières accoutumées.

De quoy et de tout ce dessus, lesd. seig$^{rs}$ consuls, ex-consuls et prieurs, ont requis leur être décerné acte que mond. seig$^r$ Arch.-Évêque leur a décerné, et qu'a été fait et publié, tant dedans que dehors lad. chapelle en présence de nobles et illustrissimes seig$^{rs}$, messires Antoine d'Allemand; Jean de La Plane, ancien commandant du second bataillon du régiment de Bourgogne, infanterie; Jacques-Ignace de Florans, et Joseph-Philippe d'Augier, chevaliers, de noble et révérende personne messire Estienne-Siffrein d'Inguimbert, messire Louis-Antoine Bastet, prêtres et bénéficiers de l'église cathédrale S$^t$-Siffrein, de noble Philippe-Bruno Cottier, docteur es-droit; et de plusieurs autres notables cittoyens et habitants dud. Carpentras, témoins requis, et mond. seig$^r$ Arch.-

Evêque est soussigné avec lesd. seig$^{rs}$ consuls.

Extrait du livre de la spiritualité de la cour épiscopale de cette ville de Carpentras, auquel je, v.-chancelier de lad. cour, me rapporte en foy.— DEVILLARIO fils, v.-chanc.

Pendant que l'on construisait le nouveau sanctuaire dont nous venons de parler, on avait eu la précaution de transporter dans l'église cathédrale la statue de Notre-Dame-de-Santé, qu'on avait placée provisoirement en la chapelle de Notre-Dame de la Conception (1), au milieu de l'autel. Cette image de la Vierge était vénérée de tous les habitants ; c'était celle qui fut jetée par les impies, pendant les guerres de religion, dans le lit de la rivière de L'auzon, *ce que nous avons aperçu*, disent M$^r$ et M$^{me}$ Bernus (2), *par la pourriture de la pierre de saint-didier, devenue violette ; et n'ayant pu supporter la dorure, on fut obligé, à cette époque, d'y coller par dessus une toile pour soutenir les diverses couleurs de blanc, jaune, bols et or, après qu'elle eut été tirée du sable et de l'eau, et fut replacée dans l'ancienne chapelle, dédiée à Notre-Dame-de-Miséricorde ou du pont de Serres, bâtie lors-*

---

(1) Le tableau actuel représente N.-D.-de-la-Pureté.
(2) Rapport de M. Thomas Bernus, sculpteur, et de Madame Marie Félicité Bernus, sa fille aînée, doreuse, épouse de M. François Bernus, sur la statue de N.-D.-de-Santé. Pièces justificatives n° 5.
(Ce rapport se trouve dans la partie de la collection Tissot, qui a pour titre, *Renseignements sur les matières ecclésiastiques*, tom 1$^{er}$). M. Casimir Rousseau, trésorier, a eu la gracieuseté de nous prêter ces *renseignements*, qui nous ont été d'un puissant secours pour rendre cette notice intéressante. Nous le prions d'agréer ici l'hommage de notre reconnaissance.

*qu'on commença la construction de ce pont vers* 1401, *où il fut opéré un prodige miraculeux, le* 10 *juillet* 1629, *qui détermina la cessation de la peste.*

Le lendemain du jour que la chapelle de Notre-Dame-de-Santé fut bénite, l'Église célébrait la fête de la Nativité de la Très-Sainte Vierge. Mgr d'Inguimbert ordonna que, ce même jour, on ferait une procession générale pour la translation de la statue vénérée de la cathédrale au nouveau sanctuaire.

« Cette statue, dit M. Tissot dans ses *ren-*
» *seignements* précités, y fut portée avec
» pompe et respect, par dix à douze person-
» nes, à bras, avec des cordes, par rapport à
» sa pesanteur, sous un dais orné de buis, de
» fleurs et de guirlandes..., une niche avoit
» été préparée dans la chapelle pour placer
» cet objet très-précieux. Mgr l'Évêque, selon
» sa louable coutume, assista dans le chœur
» à vêpres, alla ensuite à son trône, fut re-
» vêtu de ses habits pontificaux ; M. Garcin,
» chanoine, en remplissant les fonctions de
» diacre, et M. de Pélissier, vicaire et official
» général, celles de sous-diacre, l'accompa-
» gnèrent à cette cérémonie religieuse. Il y
» avoit une nombreuse mousqueterie, une
» cavalcade distinguée, le sieur Rodez tim-
» ballier, deux trompettes *et une foule im-*
» *mense.* Les boîtes de la ville furent tirées
» à plusieurs reprises ; Monseigneur donna
» la bénédiction du T.-St-Sacrement à l'autel
» de ladite chapelle, de même qu'au maître
» autel de sa cathédrale, après que la pro-
» cession fut rentrée. »

MM. les consuls, en reconnaissance du don du Prélat, firent placer ses armoiries sur le fronton de la chapelle.

« Le concours à cette nouvelle chapelle
» devint tous les jours plus grand; la fête de
» Notre-Dame-de-Santé, à chaque dix juillet
» fut célébrée avec plus de pompe ; les étran-
» gers y affluèrent. Il n'est personne d'un âge
» un peu avancé, qui ne se rappelle que des
» arcs de triomphe partaient de la fontaine
» dite de l'ange jusqu'à la porte d'Orange,
» et même jusqu'à la chapelle..... (1). »

« Chaque année, dit Tissot dans sa collec-
» tion, le clergé se rendait processionnelle-
» ment à la chapelle vénérée les jours de la
» Purification, de l'Assomption et de la Nati-
» vité de Notre-Dame, en chantant les litanies
» de la S$^{te}$ Vierge, et en entrant, l'antienne du
» temps; au retour, on continuoit les litanies
» et donnoit la bénédiction dans la cathédrale,
» conformément à une fondation de M$^{gr}$ l'Évê-
» que Butius, mort le 22 avril 1710.

« Le clergé s'y rendoit aussi en procession
» le 10 juillet que la fête de Notre-Dame-de-
» Santé est célébrée avec pompe et dévotion
» pendant neuf jours, les litanies sont chantées
» ce jour-là comme auparavant, ainsi que
» l'antienne : autrefois on n'y donnoit point
» la bénédiction, mais elle fut fondée par
» sieur Jacques-Jean Borel, boulanger, qui
» ordonna dans son testament d'être enterré
» dans cette chapelle, il est décédé depuis
» environ 50 ans. Tout ce dessus a été observé
» jusqu'en 1790, époques des orages excités

(1) L'abbé Olivier, Loc. cit, p. 10.

» par les révolutionnaires, les anarchistes et
» les impies. » (1)

## CHAPITRE V.

### Les Dragons de Notre-Dame-de-Santé.

Vers la fin du 18$^{me}$ siècle, quelques habitants zélés de cette ville eurent la bonne pensée de former une garde d'honneur, pour accompagner les consuls au sanctuaire de Notre-Dame-de-Santé le 10 juillet, et donner ainsi plus d'éclat à cette fête. Le capitaine de la compagnie, ayant servi dans les dragons, fit adopter le costume de cette arme. Voici les constitutions de cette compagnie, telles que nous les avons trouvées dans la collection Tissot.

*Registre des Constitutions de la Légion de Notre-Dame-de-Santé.*

Art. 1$^{er}$ La troupe sera composée de cent hommes non compris les officiers et les bas-officiers. Elle sera commandée par un capitaine, un lieutenant et un sous-lieutenant; elle sera divisée en quatre sections, lesquelles seront composées chacune de deux escouades.

Art. 2. Les fusiliers auront rang à la date de leur réception.

Art. 3. La troupe aura à la tête un corps de musique.

(1) Extrait des *renseignements des matières ecclésiastiques*, précités. M. Tissot faisait sa collection vers la fin du 18$^{me}$ siècle, et l'a continuée jusqu'à son décès, arrivé en 1818.

Art. 4. La troupe ne sera sous les armes que le jour de la fête de Notre-Dame-de-Santé, laquelle se célèbre le dixième jour de juillet de chaque année, à l'effet de quoi elle prendra les armes la veille pour assister à l'ouverture de la neuvaine et à la bénédiction.

Art. 5. La troupe se remettra sous les armes vers les six heures du matin du lendemain dix juillet, et s'assemblera à l'hôtel de ville, pour, d'après l'heure indiquée par Messieurs les Consuls, précéder lesdits seigneurs Consuls en allant à la Chapelle de Notre-Dame, et en faisant de même à leur retour à l'hôtel de ville.

Art. 6. La troupe se trouvant sur le lieu lorsque Mgr l'Évêque et Mgr l'illustre Recteur assisteront à la messe dans ladite chapelle, leur portera les armes.

Art. 7. La troupe faira une décharge au devant de l'hôtel de ville, de l'Évêché, de la Rectorie et des maisons particulières de messieurs les Consuls ; même décharge au-devant des maisons des quatre officiers principaux de la troupe, elle ne rendra aucun honneur à toute autre personne.

Art. 8. La troupe se rendra au cours d'été suivant l'ancien usage, pour déjeuner aux frais des quatre principaux officiers, conformément à l'article quinze ci-après.

Art. 9. La troupe assistera à la bénédiction du soir et aura soin de faire une décharge.

Art. 10. La troupe se rendra au même cours d'été pour procéder à l'élection des nouveaux officiers qui seront choisis dans la troupe, le capitaine nommera son successeur,

— 40 —

le lieutenant le sien, le sous-lieutenant le sien, et le porte enseigne sera nommé par les trois nouveaux officiers; aucun ne pourra entrer en grade qu'il n'ait trois ans de service à compter du jour de sa reception.

Art. 11. Cette nomination faite, la troupe ira complimenter lesdits nouveaux officiers et fera une décharge audevant de leurs maisons respectives.

Art. 12. Un détachement de quatre escouades prendra les armes pour assister aux deux bénédictions qui seront données dans la cha- de Notre-Dame-de-Santé, sçavoir : la veille et le jour de la Nativité de Notre-Dame, laquelle fête se célèbre annuellement le huitième jour du mois de septembre.

Art. 13. Pour être reçu de cette pieuse société, il faut être domicilié dans cette ville depuis un an, avoir atteint l'âge de seize ans, être reconnu de bonnes mœurs et probité, et faire profession de la religion catholique, apostolique et Romaine.

Art. 14. Chacun des citoiens qui voudra se faire inscrire dans la susdite légion, donnera vingt sols le jour de sa réception, outre la cotte ordinaire, qui est également de vingt sols, au jour de la fête, lesquelles sommes seront versées dans la caisse qui est entre les mains du trésorier nommé à cet effet, lequel sera changé au gré du conseil qui sera formé.

Art. 15. Le capitaine versera dans la dite caisse dix-huit livres, le lieutenant douze livres, le sous-lieutenant neuf, le porte-enseigne six, le trésorier trois livres, lesquelles sommes seront pour fournir aux frais du repas dont à l'article 8, et, en cas qu'elles ne soient pas suffisantes, le restant sera pris sur la caisse.

Art. 16. Le produit de la caisse sera employé aux dépenses nécessaires, sçavoir : pour la musique, tambour, munitions nécessaires pour les décharges et pour l'honoraire de M. l'aumônier qui célébrera la messe dans ladite chapelle le 1er dimanche de chaque mois.

Art. 17. Chaque premier dimanche du mois, il y aura une escouade commandée par un sergent pour assister à la messe.

Art. 18. En cas de mort de quelqu'un des membres de ladite légion, la troupe ou le détachement qui assistera au convoi prendra les armes, sçavoir : pour le capitaine, toute la troupe, pour le lieutenant, sous-lieutenant, porte enseigne, trésorier et secrétaire, trente fusilliers, pour un sergent, quinze fusilliers, pour un fusillier, six fusilliers.

Art. 19. Si ledit membre étoit attaché au corps de la garde citoienne de cette ville, la troupe ou le détachement de la légion qui assistera au convoi, n'aura que la gauche sur ladite garde citoienne qui aura droit de porter le corps jusqu'à la sépulture, excepté que le grade qu'il auroit occupé dans ladite légion fût supérieur à celui qu'il avoit dans ladite garde citoienne ; lequel cas arrivant, le corps sera porté à la sépulture par des membres de ladite légion selon son grade, et la garde citoienne aura toujours le pas dans leur marche.

Art. 20. La troupe faira célébrer une messe de requiem avec le De profundis pour le repos de l'âme du defunt trois jours après sa mort.

Art. 21. Le trésorier ne pourra payer que

sur un mandat de deux principaux officiers.

Art. 22. A la fin de l'année, il sera nommé deux auditeurs de compte pour entendre ceux du trésorier.

### Uniforme.-

Habist vert de dragon, parement vert et collet écarlate, passe-poil écarlate à l'habit, passe-poil blanc au revert, et au collet doublure écarlate, bouton blanc au timbre de Notre-Dame, plumet blanc au chapeau, et la cocarde nationale.

Les sergents et caporaux porteront un fusil comme les autres fusilliers et seront distingués du galon de leur grade. Le drapeau ne sortira jamais que pour le corps entier, ou un détachement, au choix des officiers supérieurs; le tambour annoncera la veille la messe qui se célébrera tous les premiers dimanches de chaque mois.

Nous consuls de cette ville de Carpentras, capitale du Comtat-Venaissin, approuvons et confirmons les articles ci-derrière. A Carpentras, le second mai mil sept cent quatre-vingt dix. Raphel, consul, de Vignes, consul, Courtois consul, André, vice-secrétaire. Ainsi signé à l'original avec le sceau de la ville. Enregistré dans le douzième livre des registres de l'hôtel de ville, folio deux cent vingt-cinq; en foi, André, vice-secrétaire, ainsi signé.

Nous, Joseph de Beni, par la grâce de Dieu et du S$^t$ Siège apostolique, Évêque de cette ville de de Carpentras, prélat domestique de Notre Saint Père le Pape et assistant de son trône; vu le code de constitution de la légion de la Très-Sainte Vierge sous la dénomination de la légion de Notre-Dame-de-Santé de ladite ville de Carpentras, avons pesé et mûrement examiné tous les articles de cette constitution, relatifs au culte divin et à la présence et intervention de cette légion dans les églises, et notamment dans la chapelle située sur le pont de Serres, hors dudit Carpentras, dédiée à la Très-Sainte Vierge, sous le titre de Notre-Dame-de-Santé; applaudissant au zèle des citoiens de cette ville et à leur singulière dévotion envers la Très-Sainte Vierge, sous la protection de laquelle cette ville est spécialement vouée, à la condition expresse et non autrement que le respect et la décence dûs en ce lieu saint seront observés par ceux qui composent ladite légion lorsqu'ils se trouveront dans les églises et chapelles, que les messes y seront célébrées à heure compétente et qu'il ne sera donné aucune bénédiction de nuit; nous avons authorisé entant que nous authorisons lesdits articles de constitution en tout ce qui a rapport à notre jurisdiction ecclésiastique, et ordonné ainsi que nous ordonnons qu'ils seront mis à due et entière exécution. Nous ordonnons enfin que ladite constitution et notre décret d'authorisation seront enregistrés dans le livre spirituel de notre Palais Épiscopal, le 26 juin 1790. J. Évêque de Carpentras, Devillario chancelier, ainsi signé à l'original avec le sceau du Palais Épicopal. Enregistré au livre spirituel de la chancellerie, soussigné en foi, Devillario, notaire chancelier.

Pour copie certifiée, Devillario fils, V$^{ce}$-S$^{re}$.

7$^{me}$ juillet 1790.

L'assemblée représentative du Comté Venaissin, sur la motion faite par M. Audiffret, a authorisé et exhorté la compagnie des dragons de continuer leurs exercices de dévotion envers Notre-Dame-de-Santé et aux jours accoutumés.

Barthelier, président; Tournefort, secrétaire; Gaud, secrétaire. Ainsi signé à l'original, avec le sceau de l'assemblée représentative du Comtat.

Nous louons et approuvons le précédent établissement de légion ou pieuse société, sous la dénomination des dragons de Notre-Dame-de-Santé, ordonnons que le bon ordre public et privé y soient maintenus, sous les peines de droit, et que le tout soit enregistré dans le secrétariat de la rectorie.

A Carpentras, le 28 août 1790. Philippe Casoni, vice-légat; Pieracchi, recteur du Comtat; Célestini, envoié du S$^t$ Père; Vigne, secrétaire d'état et archiviste. Ainsi signé à l'original avec les sceaux.

Extrait des actes de la Cour suprême de la Rectorie de cette province du Comtat Venaissin, auxquels je Roland Allibert notaire et greffier substitut d'icelle soussigné, après deüe collation faite me raporte en foy.

ALLIBER l'aîné, n$^{re}$ et greffier substitut.

La légion des dragons sortit en grande tenue l'année même de son institution : elle orna de son généreux concours les cérémonies et les joies accoutumées dans le beau jour de fête de Notre-Dame-de-Santé. Elle se félicitait d'avance qu'elle aurait le même honneur les années suivantes. Mais l'horizon s'assombrissait, et en 1791, la veille même de la fête, elle se vit frustrée de ses douces espérances. M. le Maire de Carpentras reçut une lettre datée du 9 juillet, de la part des médiateurs de la France entre les peuples d'Avignon et du Comtat-Venaissin, députés par le Roi, par laquelle il fut requis de *tenir les portes de la ville fermées le 10 juillet, et d'envoyer sur le champ des courriers dans toutes les communes pour les avertir que la fête projetée ne pouvait avoir lieu dans les circonstances, attendu que souvent une fête pieuse dégénère en tumulte* (1).

Vers le commencement du 19ᵐᵉ siècle, cette compagnie se réorganisa, et prit la qualification de corps de pompiers. Dissoute durant les Cent-Jours par une lettre du préfet en date du 25 mais 1815, elle reprit bientôt son costume et ses armes, et assista le 10 juillet de la même année à la fête qui rappelle de précieux souvenirs. Elle a suivi ses constitutions et continué d'embellir de sa présence la fête votive de cette cité jusqu'en 1832.

## CHAPITRE VI.

Siège de Carpentras. — Prodige. — Vœu de ville.

Les jours mauvais approchaient; bientôt une philosophie sacrilège vint, au nom de la raison, proscrire la foi et couvrir la France de maux.

Rien de ce qui était sacré ne fut respecté.

(1) Pièces justificatives, n° 6.

— 46 —

Dieu, qui est lent à punir, avait attendu, dans sa longanimité, de dignes fruits de pénitence de la France ; il avait exercé sa patience et sa miséricorde sur ce pays, puis arriva le jour de sa justice. Cependant Marie fit éclater une fois encore sa puissance et son amour pour notre ville, au moment que la révolution apparaissait avec ses *épouvantes*.

« A l'époque où l'armée avignonaise (1)
» forma le dessein d'asservir la ville de Carpentras (2), un prodige éclatant eut lieu,
» par la protection de la Sainte Vierge, le
» 20 janvier 1791. Lorsque l'armée ennemie,
» campée sous les murs de Carpentras, commença le feu de ses batteries, le temps avait
» été serein comme dans une belle nuit d'automne. Il était six heures et demie du matin.
» En un instant l'horizon se couvre de nuages,
» et tandis qu'une pluie douce tombait sur
» la ville, à cinq cents pas de là, et sur le
» point même où se trouvait la horde dévastatrice, des grêlons mêlés à la neige qui
» tombait avec abondance, força les brigands
» à la retraite, et ils abandonnèrent tout leur
» train d'artillerie et leurs bagages (3). »

Ce fut en reconnaissance de ce nouveau

(1) Cette armée qui s'appelait Avignonaise était en grande partie un ramassis de déserteurs et de vagabonds de divers pays.
(2) Consulter, pour avoir une idée exacte de ces événements, un ouvrage intitulé : *Pièces instructives sur les affaires du Comtat*, in-4° de 44 pages. Lire surtout le rapport de MM. les députés d'Orange, médiateurs entre Carpentras et Avignon, ainsi que celui des commissaires de la Drôme, qui y sont insérés.
(3) Notice hist. sur la ville de Carpentras par M. Charles Cottier, p. 140, note.

bienfait, que le conseil général de la commune fit un vœu. En voici le teneur :

« L'an mil sept cent quatre-vingt douze et le second janvier, dans la salle haute de la maison commune de Carpentras, le conseil général s'est assemblé, ayant été préalablement convoqué suivant la coutume, dans lequel entre autres choses y contenues, se trouve de mot à mot ce qui suit :

« Le conseil général se rappellant les dangers que cette ville et ses habitants ont couru le vingtième janvier de l'année dernière 1791 par l'attaque imprévue que les brigands sortis des murs de la ville d'Avignon ont faite aux Carpentrassiens, dont ils ont tenté d'assiéger la ville, mettre les maisons au pillage et en égorger les habitants ; reconnoissant également qu'ils n'ont échappé à ces dangers que par un prodige du ciel et surtout par la protection spéciale de la Très-Sainte Vierge, honorée en cette ville, sous le titre de Notre-Dame-de-Santé, n'a pas cru pouvoir célébrer ce glorieux événement avec plus de solennité, qu'en en transmettant la mémoire à la postérité. Il a, à cet effet, unanimement délibéré, ouï M$^r$ le Procureur de la commune, et sauf l'approbation de qui de droit, de vouer de nouveau et de mettre la ville de Carpentras et tous les habitants, sous la protection et l'égide de la Mère de notre divin Sauveur, dont ils ont reçu dans toutes les occasions des marques visibles de protection et de défense, et pour accomplir ce vœu solennel de faire célébrer annuellement et à perpétuité le vingt janvier, jour et fête de S$^t$ Sébastien, l'un des anges tutélaires de cette cité, une messe basse dans la chapelle de Notre-Dame-de-Santé, à laquelle messe MM. les officiers municipaux en écharpe, et MM. les notables composants ensemble tous les représentants de la commune, seront tenus d'assister. Qu'à ladite messe, il sera fait une offrande de trois flambeaux cire blanche de deux livres pièce, lesquels seront laissés dans ladite chapelle pour y être brûlés et consumés. Il a été en même temps délibéré que, lorsque les représentants de ladite commune se rendront à ladite chapelle, durant la célébration de la sainte messe, et au retour de ladite municipalité à la maison commune, il sera fait trois décharges d'artillerie, le tout sans préjudicier au vœu ancien fait par cette cité en l'honneur de saint Sebastien, en tant que de besoin renouvelé par la présente délibération.» Collationné. André, notaire, secrétaire greffier. ainsi signé à l'expédition.

Joseph de Beni, patricius Eugubinus, Dei et sanctæ sedis apostolicæ gratiâ episcopus Carpentoractensis, visâ supra scriptâ deliberatione consiliorum generalium domûs communis præfatæ civitatis; votum in ipsâ contentum authorisamus et confirmamus; omnes et quoscumque dictæ domûs communis administratores, notabiles seu consiliarios ad executionem dicti voti, in posterum teneri declaramus, præsentes in archiviis officiatûs nostri inseri mandamus.

Datum Carpentoracti ex Palatio nostro episcopali hâc die decimâ octavâ januarii anno a nativitate Domini millesimo septingentesimo nonagesimo secundo. J. Évêque de Carpentras. Ainsi signé à l'original avec le sceau.

## CHAPITRE VII.

La chapelle de Notre-Dame-de-Santé devient propriété nationale. — Après avoir passé par diverses mains, elle est donnée aux hospices de Carpentras. — Le gouvernement autorise l'acceptation de cette donation.

L'Assemblée nationale, par son décret du 2 novembre 1789, avait mis les biens du clergé à la disposition de la nation, et le 17 mars 1790, elle avait décrété la vente des biens nationaux jusqu'à concurrence de 400 millions. Ces actes de l'Assemblée n'atteignaient pas les états du Saint-Siège enclavés dans la Provence. Le culte catholique s'y exerçait librement et en toute sécurité. Même, nous venons de voir que l'année d'après (1791), le 9 juillet, pendant que l'esprit de vertige échauffait bien des têtes en France, notre ville se proposait de célébrer avec la pompe accoutumée la fête de Notre-Dame-de-Santé; le 11 juillet de la même année, l'Assemblée déclara Avignon et le Comtat réunis à la France. En 1792, le service paroissial de Carpentras fut exercé par deux curés : M. Domère, natif de Pernes, prêtre assermenté, fut installé à Saint-Siffrein, et M. Laondez, ex-curé de Loriol, fut établi à l'Observance. Tout cela se fit par l'autorité de l'abbé Rovère, Évêque intrus, nommé par une assemblée d'électeurs réunis à L'isle (Vaucluse).

La statue de Notre-Dame-de-Santé fut portée dans l'église de l'Observance en 1793, et exposée à la vénération publique. Pendant deux ans, elle fut religieusement respectée.

Les fidèles venaient se prosterner devant cette image chérie, faisant monter vers Marie le parfum de leurs prières. Mais en 1795, des impies s'en emparèrent clandestinement, osèrent la mutiler, et mirent les draperies en lambeaux.

Ledit M. Laondez ne put apprendre ces profanations sans frémir, et, quoique sa conscience lui fît des reproches au sujet de sa promotion à cette cure, sa piété pour l'aimable Vierge Marie lui donna assez de courage pour s'emparer des restes épars de la statue vénérée : il les porta nuitamment en lieu sûr, il les déroba ainsi au feu ou à des profanations encore plus sacrilèges, et quelque temps après il les confia à M. Bernus qui put, avec ces divers fragments, reconstruire la belle statue de Notre-Dame-de-Santé que nous vénérons aujourd'hui (1).

Cette même année, M. Justiniany, de Carpentras, eut l'heureuse idée de louer la chapelle de Notre-Dame, avec l'arrière pensée d'en faire plus tard l'acquisition. Voici le procès-verbal de cette location, tel qu'on le trouve dans les registres des délibérations de cette commune :

« Le 9 germinal an 3 de la république française, correspondant au 30 mars 1795, le bâtiment servant de chapelle, sous le titre de Notre-Dame-de-Santé, fut baillé en location, ainsi que le local de l'hermitage, par le directoire de l'administration du district de Carpentras, et le citoyen Crose, receveur de la régie nationale, au citoyen Dominique Jus-

(1) Pièces justificatives n° 5.

tiniany pour la rente annuelle de 75 fr., et sous le cautionnement du citoyen Jean-François Bègue, payable par eux solidairement par semestres anticipés, pour le terme de six ans, sous la condition que l'adjudicataire n'entrera en possession du loyer de ladite chapelle, obtenu à l'enchère publique, à l'extinction des feux, qu'après que les effets, meubles, ustensiles et matières métalliques, auront été inventoriés et enlevés par la municipalité, à la diligence de l'agent national et conformément à la lettre-circulaire du directoire dudit district adressé aux communes, le quatre du présent mois germinal. »

M. Justiniany ne s'en tint pas là ; pour empêcher que cette chapelle ne tombât en mauvaises mains, il en fit l'acquisition environ 18 mois après. Voici le teneur de l'acte d'acquisition :

« Le 3 thermidor an 4, les administrateurs du département de Vaucluse pour et au nom de la république française, en vertu de la loi du 28 ventôse dernier, en présence et du consentement du commissaire du directoire exécutif, ont vendu au citoyen Joseph-Dominique Justiniany aîné, demeurant à Carpentras, à ce présent et acceptant pour lui et ses héritiers ou ayant cause, le bâtiment formant la chapelle de Notre-Dame-de-Santé, ayant deux cannes et demie de largeur, sept cannes et demie de longueur et trois cannes six pans de hauteur ; la sacristie ayant neuf pans de profondeur dans toute la largeur de ladite chapelle, par deux cannes seulement de hauteur ; le bâtiment dénommé l'hermitage ayant deux cannes et demie de façade, et huit pans de profondeur formant deux étages de vingt pans de hauteur, de même que leur sol et leur talus ou glacis, entre le chemin et la muraille, contenant en tout cinq éminées quatre cosses et demie, suivant la mesuration faite par Jean-Joseph Fenouil, géomètre, député à cet effet ; ces objets sont situés hors et proche les remparts de Carpentras, confrontant du levant la rivière de L'Auzon; du midi le chemin public; du couchant le pont de Serres, de Bize, le béal du moulin, lesdits biens provenant de la province du Comtat (1), ont été évalués y comprenant la porte à claire-voie en fer et le balustre en fer, par le procès-verbal d'estimation faite le 13 messidor dernier, par les citoyens Antoine Escoffier, maçon, expert nommé par le citoyen Castellan, concurrent dudit Justiniany, Laugier fils, expert, choisi par l'acquéreur, par sa soumission du 4 messidor ; Pierre Bernard et Michel Garcin experts, députés par délibération du département du 9 même mois, à la somme de trois mille cent vingt livres, que ledit Justiniany, adjudicataire, promet et s'oblige, sous l'hypothèque spéciale et privilégiée, des biens sus-vendus, et générale de tous ses biens meubles et immeubles présents et à venir, payer à la République entre les mains du receveur des domaines nationaux d'Avignon, en mandats territoriaux ou promesses de mandats, moitié dans une décade, et l'autre moitié dans trois mois.

Le 8 floréal an 5, ledit Justiniany adressa une pétition aux administrateurs de la com-

(1) C'est par erreur : ils ont toujours appartenu à la ville de Carpentras.

mune de Carpentras, pour se faire restituer les divers objets appartenant à la chapelle de Notre-Dame, qui en avaient été enlevés par l'administration municipale. Voici le texte de sa pétition :

Citoyens,

Le Citoyen Joseph-Dominique Justiniany, de cette commune de Carpentras, ensuite de l'arrêté sur pétition par lui obtenu de l'administration centrale du département de Vaucluse, à la date du cinq du courant, prie et requiert l'administration de vouloir bien lui rendre, sous récépissé, les effets ci-après détaillés qui faisoient partie intégrante des bâtiments de la chapelle et hermitage de Notre-Dame-de-Santé, consistant aux suivants :

1° En une statue représentant une Vierge, qui étoit clouée au fond de ladite chapelle, actuellement dans l'église de Saint-Siffrein.

2° Des bancs cloués au mur, qui faisoient tout le tour de ladite chapelle.

3° Un grand coffre, bois noyer, cloué au mur.

4° Une porte en bois de l'appartement du fond.

5° Les clefs de la chapelle et de l'hermitage, et ferez justice.

A Carpentras, ce huit floréal an cinq de la république. Signé Justiniany l'aîné.

L'administration municipale du canton de Carpentras :

Ouï le commissaire du directoire,

Vû l'arrêté du département de Vaucluse, en date du cinq du courant, portant qu'il sera remis, sous dû récépissé, au citoyen Justiniany, les clefs des bâtiments appelés Notre-

Dame-de-Santé, et de l'hermitage y attenant, de la même commune, ainsi que les portes, serrures et autres objets, tant en maçonnerie que boiserie, faisant partie des mêmes bâtiments.

Vû la pétition ci-dessus ;

Ouï le commissaire du directoire exécutif, arrête, que les objets contenus en la pétition ci-dessus, seront restitués audit Justiniany, sous dû récépisssé, en conformité de l'arrêté ci-dessus cité.

Fait en séance de l'administration, à Carpentras, ce huit floréal an cinq de la république française, Nicolet, président ; Guintrandy, administrateur municipal ; Rouvière, administrateur municipal; Martin le jeune, secrétaire greffier, ainsi signé à l'original avec le sceau.

Ainsi, grâce au zèle de M. Justiniany, la tourmente révolutionnaire, qui avait emporté dans l'abîme tant de monuments sacrés, laissa debout la chapelle de Notre-Dame. Toutefois, ce lieu sacré se ressentit de son brutal passage : pendant quelque temps, elle fut destinée à des usages profanes, et les armoiries de l'immortel d'Inguimbert qui décoraient le fronton de l'édifice furent détruites.

Hâtons-nous de le dire : bientôt une ère nouvelle se levait sur la France. Le 29 août 1799, l'infortuné Pie VI, priant pour l'Église et pardonnant à ses ennemis, exhalait son dernier soupir, et allait recevoir des mains du souverain juge la couronne de gloire et d'immortalité qu'il a promise à ses serviteurs fidèles. Jésus-Christ exauça la prière de son vicaire ; il vint au secours de son Église. Le 10 novembre, le directoire est aboli. Le 13 novembre, le nouveau gouvernement consulaire est créé. Le 21 mars 1800, Pie VII était couronné à Venise au milieu des acclamations du peuple.

La même année (1800), dans la semaine de Quasimodo, M. de Cabanis, maire de Carpentras, se transporta avec M. l'abbé Justiniany (1) à l'Eglise de l'Observance, lui en remit les clés et lui donna la liberté d'y exercer son ministère sacré (2). Le 17 juillet 1802, il fut réintégré dans sa cure de S<sup>t</sup>-Siffrein. M. Tabariés, vicaire général de M<sup>gr</sup> Périer, arrivé ce même jour à Carpentras, se rendit à l'Observance, accompagné de l'abbé Jéhan, curé instrus, et du P. Belmès, qui avait aussi prêté le ser-

(1) M. l'abbé Justiniany, né à Carpentras le 23 octobre 1743, est décédé en cette ville le 18 octobre 1823. Après son noviciat chez les Doctrinaires, il étudia à Avignon les belles-lettres, la philosophie et la théologie. Il était collateur et curé de S<sup>t</sup> Jean à Aix, lorsque les chanoines de Carpentras l'élurent à l'unanimité pour succéder à l'abbé Durand, curé de S<sup>t</sup>-Siffrein, décédé le 20 octobre 1787. Il contribua beaucoup, par la douceur de son caractère et son esprit évangélique, à relever, dans son pays, les ruines du sanctuaire et à y réhabiliter l'autorité si affaiblie du christianisme. (Dictionnaire hist. de M. Barjavel, article Justiniany, passim).

(2) Cette église avait été convertie en temple décadaire. Les autorités civiles, judiciaires et militaires s'y rendaient, en grand apparat, tous les dix jours, escortées par la force armée, et précédées d'un corps de musique militaire. Au-dessus du maître-autel s'élevait un échafaudage, surmonté d'un grand tableau, lequel représentait tous les attributs révolutionnaires, la déesse de la liberté et le niveau de l'égalité. A gauche du théâtre se plaçaient les autorités, chacune selon son rang et sa dignité. Là, on proclamait les victoires remportées par nos armées, les lois du gouvernement, les mariages, naissances et décès qu'il y avait eu dans la décade. Après tout cela des discours patriotiques étaient prononcés par quelques membres des plus exaltés.

ment civique. Il signifia à M. l'abbé Justiniany qu'il venait l'installer curé de Saint-Siffrein. Aussitôt une procession s'organise. L'abbé Tarascon porte la croix, suivi d'une grande multitude de fidèles, qui chantent le psaume *Laudate Dominum de cœlis*, se dirigeant avec une joie ineffable vers l'église de Saint-Siffrein. Quand le pieux cortége fut arrivé dans ce temple sacré, le nouveau curé entonne le *Veni Creator*, demandant pour lui et ses chers paroissiens les lumières du St-Esprit. Il célèbre solennellement les saints mystères, assisté de MM. Tabariès, Jéhan et Belmès. Après la messe, un *Te Deum* fut chanté au milieu de l'allégresse générale du peuple, qui ne pouvait en croire à ses yeux, en se souvenant des scènes impies qui avaient profané cette église, il n'y avait encore que quelques années.

Ce fut à cette époque que la chapelle de Notre-Dame-de-Santé fut rouverte à la piété des fidèles. Quel bonheur quand il leur fut loisible d'y aller à toute heure du jour adresser leurs prières à la Reine des anges, et demander des grâces à Dieu par son intercession pour toutes sortes d'infortunes. Ils étaient exaucés, et du moment qu'ils avaient reçu quelque faveur, ils se plaisaient à témoigner à la Mère de Dieu leur gratitude : plusieurs objets précieux, tels que croix à diamant, cœurs en argent, croix en or, étaient souvent donnés aux prêtres, pour orner l'image de Marie, ou trouvés sur l'autel, déposés par des cœurs reconnaissants et des mains inconnues. M. l'abbé Bouchony (François), ex bénéficier de la cathédrale de Saint-Siffrein, décédé à Paris, le 8 octobre 1807, par son testament du 17 novembre même année, avait laissé tous ses effets et ornements d'église au sanctuaire de Notre-Dame-de-Santé. M. Justiniany, craignant que le culte renaissant à cette image de la Vierge, et les offrandes qui lui étaient faites ne passassent dans le public pour un objet de lucre en sa faveur, revendit la chapelle en 1813 à mademoiselle de St Véran, arrière-nièce de Monseigneur d'Inguimbert. Voici la teneur de l'acte de vente :

« L'an mil huit cent treize et le vingt-trois d'aoust, par-devant moi, Joseph-Vincent Eydoux, licentié ez-droits, notaire impérial, à la résidence de Carpentras, département de Vaucluse, soussigné avec témoins, a été présent M. Joseph-Dominique Justiniany, marchand parfumeur, demeurant et domicilié à Carpentras, lequel, de gré, vend et transmet irrévocablement à mademoiselle Marie-Angélique-Philippine-Eléonore Fabre de St Véran, propriétaire, vivant de son revenu, demeurant aussi et domiciliée à Carpentras, ici présente acceptant, une partie de l'immeuble appelé Notre-Dame-de-Santé, qu'il possède hors et près l'enceinte de Carpentras, quartier du pont de Serres, sur lequel les deux édifices dépendants de cette vente sont appuyés de droite et de gauche; cette partie ici vendue consiste aux deux édifices, l'un dit la chapelle, l'autre l'hermitage, aux bâtisses et à tout le terrain, tenants ensemble, qui en appartiennent audit sieur Justiniany au-delà, à l'est nord-est de la fontaine dite du Chien, en aval du cours qui fait partie de la route d'Orange, en tel état de topographie, de construction, de plantation et délimitation que le tout se trouve, mais sans garantie de contenance et tel que ledit sieur Justiniany en a joui, du ou pu jouir, non comprise la partie en terre labour à l'ouest sud-ouest de ladite fontaine du Chien, en amont dudit cours, ou route d'Orange, cette partie en terre labour qui dépendoit dudit domaine est réservée dans cette vente et demeure au vendeur.

La propriété de ce total domaine est venue audit sieur Justiniany de l'acquisition qu'il en a faite du gouvernement, suivant l'acte de vente que lui en a passé l'administration du département de Vaucluse, le trois thermidor, an quatre, enregistré à Avignon le même jour. Ledit sieur Justiniany se dessaisit de la partie qu'il en vend par cet acte, il en saisit et investit ladite demoiselle de St Véran, il l'en met en la réelle, actuelle et corporelle possession par touchement de mains, franche, libre et exempte de dettes, dons, douaires et engagements quelconques; il lui en promet ainsi garantie d'éviction quelconque qui pourroit résulter de son fait, pour et moyennant le prix total de dix-neuf cents francs que ladite demoiselle de St-Véran s'oblige de lui payer dans trois mois, avec intérêts à raison du cinq pour cent l'an sans retenue, comptables du premier juillet mil huit cent treize, jusques au payement effectif, demeurant néanmoins audit sieur Justiniany tout privilège sur l'objet de cette vente pour la garantie de son payement, à peine de dépens, dommages et intérêts.

En signe de complément de vente, ladite

demoiselle de S¹ Véran reçoit ici même dudit sieur Justiniany, voyant nous, notaire et témoins : 1° l'expédition régulière de l'acte sus-énoncé, de son acquisition, signé Pignatelly, secrétaire général en absence ; 2° la feuille du décompte du prix de cette acquisition définitivement quittancée par M. Sieyes, directeur des domaines dans le département de Vaucluse, le huit septembre mil huit cent douze ; mais ladite demoiselle de S¹ Véran fera à ses frais, dans le délai fixé pour le payement, les formalités qui doivent constater la franchise énoncée par ledit sieur Justiniany, sur l'objet de cette vente, de toutes dettes et hypothèques.

De suite et par ce même acte, ladite demoiselle de S¹-Véran donne, à titre pur et simple d'entrevifs irrévocables, à l'hospice civil des malades, autrefois dit Hôpital Saint-Pierre aux Grâces de Carpentras, l'immeuble dont l'acquisition est sus-transcrite, tel qu'elle l'a acquis et ainsi avec la garantie de droit, spécialement libre par son fait de toutes dettes et hypothèques, elle s'en tient pour dessaisie dès ce moment au profit dudit hospice, en tant qu'il plaira à sa majesté l'Empereur et Roi d'en autoriser l'acceptation.

Pour l'exécution entière de cet acte, les contractants élisent et fixent domicile dans leur demeure actuelle respective.

Le tout, sous les obligations de droit, dont acte.

Fait et lu aux contractants à Carpentras, dans la maison de ladite demoiselle de S¹ Véran, en la continuelle présence de M. Jacques-Gens Escoffier, propriétaire, vivant de son revenu, et

Antoine Olivier, cordonnier, demeurant audit Carpentras, témoins requis et signés avec les contractants, et moy, notaire, après lecture, Justiniany aîné, Philippine Fabre S$^t$ Véran, J$^s$ Escoffier, Olivier, Eydoux n$^{re}$. Ainsi signé à l'original. Enregistré à Carpentras, le vingt-trois aoust 1813. F° 66, R° C. 7, 8 et 9.

Le même jour que mademoiselle de S$^t$ Véran eut acquis la chapelle de Notre-Dame, marchant sur les traces de son oncle M$^{gr}$ d'Inguimbert, elle en fit hommage et don à l'hôpital de cette ville, comme nous venons de le voir : elle comprit qu'il valait mieux réunir sous la direction de la même administration deux monuments, dont l'immortel prélat avait doté la cité.

L'année suivante, la commission administrative des hospices délibéra, dans une de ses séances, de demander aux autorités supérieures l'autorisation nécessaire pour accepter cette donation. Cette délibération est ainsi conçue :

### Séance du 23 Mai 1814.

La commission administrative des hospices civils réunis de Carpentras, assemblée sous la présidence de M. de Bélisy, maire, présents : MM. de Bélisy, président; Hyacinthe-Olivier Vitalis; Laurent Rousseau; Eugène de Chaussande; et Augustin Fortunet, membres de la commission.

Vu l'acte de vente de la chapelle de Notre-Dame-de-Santé, de son hermitage à côté et du terrain vis-à-vis la chapelle, désigné et confronté dans ledit acte, fait par le sieur Joseph-Dominique Justiniany, en faveur de mademoiselle Philippine de S$^t$ Véran, écrivant

M. Eydoux, n$^{re}$ à Carpentras, le 23 août 1813.

Vu la donation de ladite chapelle et dépendances, faite dans le même acte par ladite demoiselle de S$^t$ Véran, en faveur de l'hospice des malades ou hôpital de cette ville.

La commission, considérant que la donation de mademoiselle de S$^t$ Véran étant pure, simple, et n'étant grevée d'aucune charge, ne peut être que très-avantageuse à l'hôpital des malades.

La commission a unanimement délibéré de demander aux autorités supérieures l'autorisation nécessaire pour accepter la donation gratuite et libérale de mademoiselle de S$^t$-Véran.

La commission joint à l'appui de sa demande l'extrait de l'acte de vente de ladite chapelle, dans lequel se trouve la donation sus-rappelée.

Ainsi délibéré et ont signé :

De Bélisy, maire, président ; H. Olivier Vitalis, Chaussande, Rousseau, Augustin Fortunet. Ainsi à l'original.

Une ordonnance du Roi, en date du 11 janvier 1814, autorise la Commission administrative des hospices de Carpentras à accepter la donation précitée. Voici la teneur de cette ordonnance :

« Louis, par la grâce de Dieu, roi de France et de Navarre,

Sur le rapport de notre Ministre secrét$^{re}$ d'État de l'Intérieur. Notre Conseil d'État entendu,

Nous avons ordonné et ordonnons ce qui suit :

ART. 1$^{er}$ La Commission administrative des hospices de Carpentras département de Vaucluse, est autorisée à accepter la donation que la demoiselle Marie-Angélique-Philippine-Éléonore Fabre de S$^t$ Véran a faite par acte no-

— 62 —

tarié, de la chapelle de Notre-Dame-de-Santé, de l'hermitage et du terrain vis-à-vis de la chapelle de Notre-Dame-de-Santé, désignée dans l'acte d'acquisition et de donation par la bienfaitrice, en date du 23 août 1813.

Art 2. Notre Ministre secrétaire d'Etat au departement de l'intérieur est chargé de l'exécution de la présente ordonnance, qui sera insérée au bulletin des lois.

Donné au Château des Tuileries le onze janvier l'an de grâce mil huit cent quinze et de notre règne le 20e. Signé Louis. — par le Roi, signé l'abbé de Montesquieu, pour expédition. Le Secrétaire général du ministère de l'intérieur, chevalier de la Légion d'Honneur, signé Guizot. Pour copie conforme, le Secrétaire général de la préfecture, chevalier de la Légion-d'Honneur, signé Jean. Collationné : le chef de la 4me division, signé Pinatelli.

Ainsi, ce monument de la piété de Monseigneur d'Inguimbert se trouva, comme nous l'avons déjà remarqué, sous la direction des sages administrateurs d'un autre monument public, dont sa charité avait doté notre ville.

« Le concours des fidèles s'accrut encore ;
» les pieuses associations qui avaient laissé
» passer le torrent révolutionnaire, sans per-
» dre la confiance qu'elles avaient toujours
» eue en la Sainte Vierge, par la protection
» de laquelle notre ville avait été délivrée de
» la peste, puis des assauts et des différents
» malheurs qui l'avaient menacée, se réuni-
» rent de nouveau pour lui en rendre grâce.
» Des donatifs particuliers, avec destina-
» tion, mirent à même les administrateurs de

» l'hôpital de réparer et d'embellir cette cha-
» pelle, de vouer, en 1814, une grille de fer
» pour faciliter au public le moyen d'aller,
» à toute heure, rendre grâce à la Mère de
» Dieu de tous les bienfaits accordés par son
» intercession (1). »

En 1816, le 20 janvier et le 10 juillet, M. le Maire, fidèle aux pieuses traditions, se rendit, avec ses adjoints et son cortége d'honneur, au sanctuaire vénéré, pour accomplir les vœux de la ville; depuis cette époque, lui et ses honorables successeurs ont été, à ces deux anniversaires, les interprètes de la reconnaissance des habitants.

En 1832, l'hermitage, qui avoisinait l'édifice sacré, tombant en ruine, fut démoli, et remplacé par une maison presbytérale, qui sert d'habitation au chapelain, et offre en même temps un supplément à la sacristie.

Enfin, rien n'a été oublié pour embellir la chapelle et ses alentours, et donner de l'éclat à la fête de Notre-Dame-de-Santé, dont il nous reste à parler.

## CHAPITRE VIII.

### La fête de Notre-Dame-de-Santé avant la Révolution.

« La veille, dit M. Maillet (1) dans son manus-
» crit concernant les matières ecclésiastiques,
» tom. 2, la fête était annoncée par la dé-

(1) L'abbé Olivier Loc. cit. p. 12 et 13.
(2) M. Maillet, né à Carpentras, décédé dans la même ville en 1855, à l'âge de 86 ans, a eu l'heureuse idée et la patience de noter, pendant 60 ans, tous les événements de quelque importance qui se passaient dans la localité.

» charge de dix-huit boîtes, qu'on tirait hors
» la porte d'Orange. Le soir, vers les sept
» heures, la légion des dragons de Notre-
» Dame-de-Santé s'assemblait devant la mai-
» son commune et se rendait ensuite, avec
» un corps de musique militaire, à la chapelle
» de la divine Mère, pour assister aux litanies
» de Notre-Dame-de-Lorette, que l'on chan-
» tait à grand orchestre. La bénédiction du
» T.-S.-Sacrement suivait immédiatement ce
» pieux exercice ; une nouvelle décharge de
» boîtes se faisait entendre pendant que Jésus-
» Christ bénissait ce bon peuple. Cette jour-
» née était terminée par un superbe feu de
» joie.

» Le lendemain matin, même décharge des
» boîtes vers les huit heures ; la légion des
» dragons se réunissait de nouveau sur la
» place de la commune, et accompagnait
» MM. les Consuls à la chapelle, pour assister
» à la sainte messe et accomplir le vœu fait
» à l'occasion de la peste de 1629. Arrivés
» au pieux sanctuaire, ils faisaient l'offrande
» de trois flambeaux de cire blanche. Les
» boîtes faisaient entendre leur bruit solen-
» nel, quand le cortége sortait de la ville et
» y rentrait, ainsi que pendant l'auguste sa-
» crifice.

« Le même jour, vers les cinq heures et
» et demie du matin, la confrérie des péni-
» tents blancs, accompagnée de son aumônier,
» se rendait à cette chapelle en procession, en
» chantant les litanies de la Sainte Vierge.
» L'aumônier leur disait la messe, les confrè-
» res y faisaient leur dévotion. On s'en retour-

» nait ensuite processionnellement, en chan-
» tant l'*Ave Maris stella.* »

« Les pénitents noirs y arrivaient ensuite
» avec le même cérémonial que les pénitents
» blancs, et se faisaient un bonheur de com-
» munier à la messe. »

« Les pénitents gris et les diverses congré-
» gations ne s'acquittaient de ces pieux de-
» voirs que le dimanche après la fête, et à
» des heures différentes, afin qu'il n'y eût pas
» encombrement. »

Le jour de la fête, après les vêpres de la cathédrale, le clergé se rendait en procession à la chapelle en chantant les litanies de Notre-Dame. Les filles vêtues de blanc y portaient l'image de la Vierge, en célébrant, dans leurs cantiques, sa puissance et son amour. Le clergé, en entrant dans le sanctuaire, saluait la Mère de Dieu par l'antienne *Salve Regina.* Après l'oraison, on retournait à la cathédrale pour assister à la bénédiction du Saint-Sacrement.

Le soir à 7 heures et demie, on se réunissait de nouveau à Notre-Dame-de-Santé, pour chanter les litanies de la Sainte Vierge et recevoir encore la bénédiction. La légion des dragons, fidèle à son poste, était là, comme la veille, rendant ses hommages à la Reine des anges. Des salves de boîtes se faisaient entendre pendant l'auguste cérémonie, puis la foule, après avoir adoré le Dieu du ciel et salué la protectrice de la cité, se retirait le cœur rempli de joie.

## CHAPITRE IX.

### La fête de Notre-Dame-de-Santé, depuis le commencement du 19ᵐᵉ siècle. — La Messe de l'aurore.

La veille de cette fête, si attendue par la piété, de nombreux fidèles de la cité, des villages circonvoisins et même de pays lointains, arrivent avec empressement à la chapelle. Ils se présentent au tribunal de la pénitence pour se préparer à recevoir le lendemain le Pain des forts. L'autel est jonché de fleurs; les yeux sont agréablement frappés par l'éclat de l'or et des pierres précieuses disposés avec goût dans les divers tissus qui l'embellissent ; des torches ardentes placées symétriquement sur les gradins, et un grand nombre de flambeaux s'élevant çà et là dans l'enceinte du sanctuaire, faisant rejaillir leur lumière sur tous ces objets, en relèvent la beauté. La statue de Notre-Dame est parée avec une noble simplicité, de riches draperies décorent les murs intérieurs, et devant la façade, une tente élancée, dressée avec art, forme un vaste porche qui double l'enceinte de la chapelle insuffisante pour l'affluence des pèlerins. Bientôt la cloche donne le signal du salut. Le Saint Sacrement est exposé avec solennité aux pieds de la madone; Jésus-Christ se reconnait là publiquement comme le fils de Marie, et semble vouloir lui communiquer sa puissance et sa gloire. En ce moment, du haut de la tribune, des voix graves se font entendre, et après avoir salué *l'hostie salutaire* et lui avoir demandé *protection* et *secours*, elles se mêlent avec la voix du peuple pour chanter les litanies de Notre-Dame-de-Lorette. Les prérogatives de la Vierge par excellence sont exprimées d'une manière large et vigoureuse dans une musique bien dialoguée, et la piété se plait à entendre répéter souvent, du milieu de l'harmonie, la prière de l'espérance : *Ora pro nobis*. Après ces chants, la foule recueillie reçoit la bénédiction du Saint Sacrement ; à 9 heures du soir, un brillant cortège accompagne M. le Maire devant la place de l'hôpital, où ce magistrat allume un superbe feu de joie. A peine a-t-il jeté ses dernières lueurs, que M. le Maire, avec ses adjoints et MM. les membres du conseil municipal, escortés des sapeurs-pompiers et de leur musique, traversant les flots pressés de notre joyeuse population, s'empressent d'aller rendre leurs hommages à la sainte-Vierge dans la chapelle vénérée.

Le lendemain, à peine le soleil a-t-il éclairé l'horizon, que l'élite des chrétiens qui a honoré si dignement, la veille, la Mère de Dieu dans son sanctuaire, s'empresse d'y retourner pour nourrir leurs âmes du corps de Jésus-Christ. A cette multitude de fidèles, viennent se joindre les magistrats de la cité, portant les insignes de leur dignité ; un flambeau à la main, ils assistent à l'auguste sacrifice ; un détachement des sapeurs-pompiers, précédés de leur musique militaire, se fait un honneur de les accompagner dans cette circonstance qui rappelle de touchants souvenirs. Tous prient avec foi devant l'image de celle qu'ils appellent leur souveraine bienfaitrice, et lui rendent de solennelles actions de grâces pour la protection qu'elle accorda autrefois, et daigne continuer à ce pays. Toute la journée, un pieux mouvement dirige la foule vers la chapelle, et cet élan de la reconnaissance se reproduit autant de jours que dure la fête, depuis le lever de l'aurore jusque bien avant dans la nuit.

Les deux paroisses, après avoir célébré l'office du soir, s'y rendent processionnellement, en chantant l'hymne de la reconnaissance et de l'amour; les différents chœurs des hommes et des jeunes vierges rivalisent de zèle pour exalter la gloire et le pouvoir de l'incomparable Mère de Dieu. Arrivées dans le sanctuaire, elles la saluent par l'antienne *Sub tuum præsidium* qui respire le parfum de la piété et la ferveur de la prière. Chacune ensuite retourne sous sa bannière, dans son église respective, pour recevoir la bénédiction.

Pendant toute l'octave, le corps sacerdotal, qui a coutume de se montrer partout où il s'agit de la gloire de Dieu et de l'honneur de Marie, vient se presser avec amour autour de l'autel de la Vierge immaculée. Tous les prêtres de la ville et un grand nombre de la banlieue y offrent l'Auguste Victime pour les âmes d'élite qui demandent la persévérance dans la bonne voie et un accroissement de ferveur, ou pour des pécheurs qu'ils désirent ramener à Dieu. Leurs prières, accueillies par Notre-Dame et présentées par Jésus-Christ lui-même au Père Eternel, ne sont pas sans fruit; et plusieurs pourraient parler des faveurs insignes, qui leur ont été largement départies, au moment suprême où *Dieu obéit à la voix de l'homme.*

Le cordon béni, que la mère reconnaissante a suspendu à côté de l'image vénérée, la chaîne en or, qu'une main inconnue a déposée secrètement sur son autel, et surtout ces nombreux ex-voto disposés tout au tour de l'enceinte de la chapelle, attestent les grâces et même les prodiges, dont la piété des fidèles se proclame redevable à la puissante intercession de Notre-Dame-de-Santé.

La ferveur, qui avait été si ardente le jour de la fête, ne se ralentit point pendant les huit jours qui la suivent. On est édifié et touché de voir, chaque matin, un nombre prodigieux de chrétiens qui se rendent au lieu sacré pour participer aux fruits du St-Sacrifice, et puis, en recevant le bon Jésus de la main du prêtre, il leur semble que c'est Marie elle-même qui leur donne son fils. Le zèle du sacerdoce pour l'honneur de la Mère divine est secondé par celui du peuple religieux, et l'on voit avec bonheur que toutes les années la dévotion à Notre-Dame-de-Santé va croissant. Cette remarque se fait aussi aux autres sanctuaires qui sont l'objet d'un pieux pèlerinage, et dans les paroisses infinies en nombre, où se pratique la dévotion du mois de Marie. Ah! c'est qu'on a enfin compris qu'on ne peut aller à Jésus que par Marie, que c'est elle qui implante toutes les vertus dans les cœurs qui l'aiment, et qui donne avec elles la paix, la joie et le bonheur. Aussi, quel retour à la foi ne voit-on pas en France, depuis qu'elle a tourné ses regards vers cette étoile tutélaire. Puisse cet heureux retour lui amener le calme et des jours plus sereins.

## La Messe de l'aurore.

M. Bonnet, aumônier de la chapelle de Notre-Dame-de-Santé, eut, en 1855, la pieuse pensée de célébrer la sainte messe, le 10 juillet, jour anniversaire de la Fête, à 3 heures du matin, heure qui rappelait celle du prodige. Aucune sorte d'invitation n'avait été faite solennellement Toutefois, près de trois mille fidèles se rendirent spontanément à l'auguste cérémonie. La chapelle, la tribune, le large chemin qui longe le mur latéral, la grande place qui se déploye jusqu'à la fontaine, tout fut envahi par la multitude avant l'heure. Au moment où l'horloge de la ville frappe trois coups, moment attendu avec une sainte impatience par la piété des fidèles, la cloche de la chapelle tinte trois fois, et le prêtre commence le Saint-Sacrifice. Soudain il se fait un profond silence. Une émotion comme électrique, une joie mêlée de crainte et de respect, semblable à celle qu'on éprouve quand on est témoin d'un miracle, saisit tous les cœurs. De douces larmes coulent abondamment de tous les yeux. On croyait assister à l'une de ces fêtes célestes, où la plus sublime contemplation unie à des chants suaves en relève la magnificence. Le célébrant lui-même est tellement frappé de ce religieux silence, que, nous racontant, quelques jours après, l'impression qu'il en ressentit, il nous disait : « C'était au point que je me croyais seul. » Ce profond recueillement dura tout le temps de la Sainte Messe. Un grand nombre de communions furent le premier fruit de la

Fête. Tous, en se retirant, se disaient : « Quel bonheur pour nous, d'avoir assisté à une messe où il y avait tant de fidèles réunis, et tant de véritable piété. » Dans le jour, ils racontaient leurs impressions, et ceux qui n'avaient pas été témoins de cette cérémonie saisissante, s'écriaient avec une sainte envie : « Qu'il nous eût été doux de partager votre bonheur. »

Depuis 1855, à chaque 10 juillet, le digne aumônier de la chapelle vénérée a continué à célébrer la Sainte Messe à 3 heures du matin. La piété des habitants ne s'est pas ralentie ; le nombre des fidèles qui assistent à l'auguste sacrifice n'a fait que s'accroître, et cette fête matinale est vraiment digne des regards du ciel.

Sainte Vierge, dans votre miséricordieuse sollicitude pour tous les enfants des hommes, vous prêtez l'oreille aux plaintes de la mère infortunée qui vous implore pour ses enfants égarés; vous entendez les gémissements du malade qui, de sa couche douloureuse, vous demande quelque soulagement à ses infirmités; vous voyez avec pitié couler les larmes des affligés et des pauvres déshérités des biens de la vie ; la voix de l'orphelin abandonné vous attendrit ; le cri de l'enfant délaissé monte jusqu'à vous, et la prière du prêtre trouve toujours une place dans votre cœur.

Couvrez-nous tous du manteau de votre protection, défendez-nous contre les attaques de nos cruels ennemis, et éloignez le mal et le danger de nous. Vous le ferez, ô Marie, vous le ferez toujours, tant que nous vous louerons, tant que nous vous aimerons, parce que nous avons l'expérience de vos miséricordes. Puissions-nous donc vous aimer et vous bénir sans cesse, car « bienheureux est devant vous » l'homme qui ne se rassasie pas de vous louer : » La lumière de Dieu s'est levée dans son » cœur, et l'Esprit-Saint illumine son intel- » ligence. »

*Jucundus homo qui non satiatur in laude tuâ ; exortum est in corde illius lumen Dei, Spiritus Sanctus illuminat intelligentiam ejus* (1).

(1) D. Bonav. in psalt.

# PIÈCES JUSTIFICATIVES

# PIÈCES JUSTIFICATIVES

## Relatives à la notice historique sur le sanctuaire de N.-D.-de-Santé.

### N° 1.

#### Acte de fondation de la Chapelle faite par M. l'abbé de Méry (1563).

*Anno à Nativitate Domini millesimo quingentesimo tricesimo tertio et die vicesima sexta mensis augusti noverint, in presentia mei notarii personaliter constitutus venerabilis vir dominus Petrus de Mery presbiter in ecclesia Beati Siffredi Carpentoracti Benefficiatus, motus devotione gratis et sponte pro sua suorumque parentum et predecessorum ac horum pro quibus ipse dominus de Mery tenetur animabus, voluit et ordinavit perpetuo in Capella noviter super ponte Serrarum ut asseruit sumptibus ejusdem domini de Mery constructa qualibet die sabati cellebrary et ex nunc inchoari per dominos canonicos et benefficiatos ejusdem ecclesiæ per hebdomadas ut in talibus fieri solitum, unam missam et aliam in magno altari ecclesiæ Beati Siffredi ad honorem corporis Christi et quod prosa dicatur qualibet die Jovis incontinenter post magnam missam anniversariorum, pro quarum fundationibus seu dotibus dedit et donavit, constituit et assignavit anniversariis ejusdem ecclesiæ infra scriptis dominis canonicis et benefficatis presentibus et anniversaria prædicta facientibus viresque et nomen eorumdem anniversariorum una mecum notario stipulantibus, videlicet pro singula missa unum grossum et sex denarios per eumdem dominum de Mery et suos qualibet hebdomada solvendos, donec et quousque ipse vel sui prædictum reditum bone assignatum duorum grossorum et duodecim denariorum eisdem anniversariis pro singula hebdomada acquisiverint. Quibus itaque peractis in presentia mei notarii, personaliter constituti et ut moris est congregati egregii et venerabiles viri domini Antonius Fontaneres, præpositus, Bernardus Rostagni, Bartholomeus Radulphi, Joannes Senti, Desiderius Forcani Canonici; Joannes Chayssi, Andreas Ruffi, Petrus Bezer, Franciscus Masartidus, Jacobus Putey, Joannes Rometi,*

*Stephanus Deplana, Joannes Remusates, Joannes Jacobi, Guillelmus Lignoli, Andreas Caffarelli, Carolus Girardy, Jacobus Emeynerii, Laurentius Aymonis, Balthazard Madres et Joannes Bocheti prebiteri, in eadem ecclesia beneficiati anniversarios ejusdem facientes omnes simul nemine ipsorum in aliquo discrepante gratis per se et suos et dictorum anniversariorum successores ad requisitionem supra dicti domini de Mery, onus celebrandi dictam missam acceptaverunt et celebrari perpetuo eidem domino de Mery præsenti promiserunt et convenerunt modis et formis supra per eum ordinatis hoc mediante, dictus que dominus de Mery promissa tenere et observare et contra non venire quantum eum concernit gratis et sponte eisdem dominis canonicis et anniversariis præsentibus promisit et convenit.*

*Pro quibus obligaverunt dictæ partes sibi ad invicem vicissim stipulantes scilicet dicti domini Canonici et Beneficiati seipsos et suos in dictis anniversariis successores ac omnia bona dictorum anniversariorum, et dictus dominus de Mery seipsum et omnia bona sua viribus curiarum spiritualium et temporalium Carpentoracti et totius comitatus et Avenionis et cujuslibet earum, renunciaverunt, juraverunt, de quibus actum. Carpentoracto in dicta ecclesia Beati Siffredi et Capella sacristiæ Beati Siffredi, presentibus ibidem Guillelmo Guyonety et Ludovico Berardi habitatoribus dictæ civitatis Carpentoracti testibus, et me Romano Filioli notario.*

*Extractum de verbo ad verbum in scripturis magistri Romani Filioli notarii Carpentoracti per me Josephum Vincentium Eydoux, notarium publicum et apostolicum Carpentoracti in utroque jure licenciatum proprietarium dictarum scripturarum ad requisitionem domini Dionisii Bartholomæi Tissot in utroque jure doctoris et advocati dicti Carpentoracti in fidem hac die vigesimo quarto decembris, anno millesimo septingentesimo octogesimo septimo.*

*Eydoux, not.*

## N° 2.

Détails curieux sur la peste, qui sévit à Carpentras en 1628 et 1629.

Au sujet de cette épidémie, voici ce que nous lisons de plus saillant dans le manuscrit intitulé : *Sommaire historique de la contagion arrivée en la cité de Carpentras es années*

1628 et 1629, par Fermin. Ce manuscrit se trouve aux archives de l'Hôtel de ville de Carpentras.

On remarquera, sans doute, dans cette pièce justificative, des détails qui pourront sembler hors de notre sujet. Lorsque nous avons eu connaissance de ce document, il a piqué à un si haut degré notre curiosité, que nous n'avons pas cru devoir le scinder. Nous le donnons à peu près dans son entier, et nous sommes convaincu que, malgré sa longueur, il sera lu avec le plus vif intérêt.

D'après cet auteur, la peste aurait été portée à Lyon par la malveillance des protestants. Nous lui laissons, au reste, toute la responsabilité de son assertion.

Des muletiers de Bedouin (Vaucluse), s'étant rendus en ladite ville, prirent le mal et répandirent ses funestes influences dans leur pays à leur retour. Bientôt les villages de Vaqueiras, Beaumes, Lafare, Aubignan en furent infectés. Le Dauphiné n'en fut pas exempt, et ce fut un marchand de truffes, venant de cette province, nommé Guigue Barut, qui l'apporta à Carpentras dans l'hôtel de l'Ange. La première personne qui en fut victime, ce fut la servante dudit hôtel. Les procès verbaux des médecins et chirurgiens, constatant l'état sanitaire de la ville, datent du onze novembre 1628.

Le 12 du même mois, le Recteur du Comtat fit publier, à son de trompe, la défense à tout habitant de sortir de Carpentras, ainsi que du lieu de Serres. Dans la crainte que les animaux domestiques ne communiquassent l'épidémie, il fut ordonné à chaque propriétaire de tuer les chiens et les chats qu'il avait chez lui. Pour assainir l'atmosphère, chacun fut obligé d'allumer du feu devant sa maison deux fois par jour, le matin de six à sept heures, le soir de cinq à six, au son de la cloche de la ville qui annonçait cette fumigation par trois coups. Il fut défendu de jeter de l'eau par les fenêtres, et de laisser la moindre ordure soit dans les maisons, soit dans les rues. Les pauvres furent chargés d'aller chercher du bois odoriférant pour le vendre. On défendit, sous peine de mort, de tenir aucune assemblée, de faire aucune sorte d'attroupement de nuit ou de jour; on ordonna, sous la même peine, d'obéir à MM. les Consuls, soit qu'ils commandassent d'aller faire quarantaine, soit qu'ils obligeassent à rester chez soi. Tout fut prévu, et l'on pourvut à tout. Dans les divers règlements de police qui furent publiés, on lit que l'on devait enterrer les pestiférés avec les linges dont ils s'étaient servis, et que l'on devait brûler les vêtements et autres objets, qui avaient touché les malades ou les morts. Quant aux lits de l'hôpital et à toutes leurs appartenances, il fut statué qu'on les brûlerait à la fin de la maladie. Dans chaque quartier on choisit des hommes de probité et de bonne volonté, que l'on nommait *députés*, et qui furent chargés du soin de visiter les maisons. Toute sorte de maladie devait être déclarée. Pour éviter la propagation du mal, on régla que les sains seraient séparés des malades, et que les convalescents seraient logés à part.

Le 17, un étranger étant entré dans la ville, fut *arquebusé*, comme étant soupçonné de peste.

Le 23, tous ceux qui avaient des magasins de comestibles ou d'autres objets reçurent l'ordre exprès d'ouvrir leurs maisons et de vendre leurs marchandises au prix accoutumé.

Le 24, augmentation de la viande. Celle de mouton qui se vendait 14 patats fut vendue 15, et celle de Bœuf qui se vendait 10 fut élevée à 11 patats.

Même jour : 1$^{re}$ Assemblée pour la santé publique tenue à l'entrée du palais rectorial, par devant M$^{gr}$ le Rév$^{me}$ Recteur, présents et assistants M. le R$^d$ vicaire Villardi, M. le chanoine Magnan, MM. les trois consuls accompagnés de monsieur Balbi, leur secrétaire, et M. Albert, médecin de la ville, écrivant M. Fermin, notaire.

Il y fut conclu que les habitants de la rue de Lestan (porte de Mazan), suspectés d'être plus imprégnés que les autres des miasmes de la contagion, porteraient à la main un bâton blanc, pour être distingués, afin que personne n'eût aucune communication avec eux. M. Balbi fut chargé de dresser le rôle des pauvres, et, *pour éviter tout fraud et abus*, dit le texte, la distribution des aumônes fut commise à des prêtres. Pour ceux qui seraient atteints du mal, il fut statué qu'*avant sortir, les malades de la ville seraient confessés à la porte de leurs maisons, avec un feu composés de bois odoriférant entre le prêtre et le pénitent*. Il y fut enfin réglé, que les judicatures qui siégeaient à Carpentras, à Valréas et à L'Isle, villes infectées, seraient placées en d'autres lieux encore sains. M. Galtéry, auditeur criminel pour la judicature de Carpentras dut résider à Pernes ; M. Guilhermi, auditeur pour celle de Valréas, dut résider à Sablet, et l'on assigna Oppède pour la résidence de M. de Pernes qui était auditeur pour la judicature de L'Isle.

Le 26, le Recteur fit publier dans la ville, par ordre de M. le R$^d$ vicaire général, que personne, *de quelque état et grade qu'elle fût*, ne suivit le lendemain (fête de S$^t$-Siffrein), la procession dans son parcours, sous peine d'une amende pécuniaire et de la corde pour les hommes, et pour les femmes du collier.

« 28. D'ordre de M. le vicaire, Mgr le R$^{me}$ Recteur a faict renover la crie qu'en entendant messe ou aux offices divins chacun se tiendra à l'escart à trois pas loing l'un de l'aultre, et quatre des autels, et que, la messe finie, chacun se retirera. Item que personne n'ira entendre vespres ny la grande messe, lesquelles, d'ordre dudit vicaire, se diront à portes fermées, pour plus grande garantie, à peine de vingt-cinq escus, et de trois traicts de cordes pour les hommes, et pour les femmes du collier ; mais chacun priera dans sa maison. »

« 3 décembre. Mondict seigneur a faict faire crie publique par la ville que personne ne changera ni portera d'une maison à l'aultre aucuns meubles, hardes ou bagages sans expresse licence et escript de messieurs les consuls soubs peyne de la vie. »

« 5 décembre. D'ordre de monsieur le R$^d$ vicaire, mondict seigneur a faict faire crie publique, que personne n'eust à jurer le nom de Dieu, soubs peine de trois traits de corde, ipso facto, avec commandement à touts qui l'oüyront de le dénoncer sous la mesme peyne, et au dénonçant lui sera baillé un escu. »

11 décembre. Une femme est condamnée au fouet pour avoir caché le mal de son mari et porté ses linges en une autre maison.

« Du mesme jour, mondict seigneur R$^{me}$ Recteur, à la réquisition et sur les remontrances faites à sa seigneurie R$^{me}$, vu que les Barrats sive courbeaux de la maladerie enterrent les morts quasi à fleur de terre et s'approprient et retirent quant à eulx les meubles et dépouilles des pestiférés, a ordonné et ordonne que lesdits Barrats enterreront les pestiférés six pans profond dans terre, et ne prendront, retireront ny s'approprieront aulcuns linges, meubles, despouilles, ny aultres choses d'iceulx, ains les remettront aux R$^{ds}$ Pères Jésuites, commis audict hospital, pour le salut des âmes, soubs peyne d'être arquebusés. »

« 12 décembre. Mondict seigneur a condamné à trois traicts de corde un homme qui s'estoit changé de la porte de Mazan la plus infecte, à celle de Nostre-Dame sans permission. »

« 20 décembre. Les Barrats reçoivent ordre de porter une clochette, afin que les sentant venir, chacun se retire, pour ne les toucher ni aborder. »

« Item ne sera permis à personne de jouer à aulcune sorte de jeu ny parler bouche à bouche, mais de façon que l'un évite le souffle et haleine de l'aultre, à peyne de trois traicts de corde, etc. »

« 23 décembre. Assemblée. Mondict seigneur a traicté et

conféré avec M. le Vicaire, M. Magnan, MM. les consuls du moyen de conserver la dévotion et culte divin, ces prochaines festes de Noël sans danger de la santé. »

« A esté conclud qu'on dira la sainte messe en public et en divers lieux et quartiers de la ville. »

La sainte communion se fera dans l'église de S<sup>t</sup>-Siffrein.

« Les vespres se diront à portes fermées, et la messe de minuit et de l'aube, aussi à portes fermées. »

« Les prêtres ne diront qu'une messe la feste de Noël. »

« Les Pères Jésuites confesseront dans leur grande congrégation et diront messe dans leur petite église, dans laquelle ne recepuront que quelques personnes et manderont communier les confessés à S<sup>t</sup>Siffrein. »

L'année 1629 s'ouvrait encore le 25 décembre à cette époque, comme le porte le manuscrit que nous citons.

27 décembre. dans une assemblée qui fut tenue en ce jour, on décida de placer les pauvres mendiants hors de la ville dans deux maison de campagnes.

Dans celle du 28, on conclut qu'à l'avenir, avec la permission du vicaire général, on dresserait un autel devant la grande porte de l'église de S<sup>t</sup>-Siffrein, ainsi que devant les églises de l'Observance et des frères Prêcheurs, afin que les fidèles eussent plus d'espace sur les places adjacentes aux églises pour entendre la messe les jours fériés et éviter toute espèce de contact ensemble. « A l'après disnée, ajoute le texte, pour ne laisser amortir la dévotion et languir le peuple dans leur maison, se feront plusieurs processions l'une après l'autre par toute la ville et par peu de colligieux, lesquelles personne ne suivra sur peyne de la corde. »

30 decembre. Il fut défendu aux vendeurs d'eau de vie de présenter le même verre à tous, chacun dut avoir son verre propre pour recevoir ce confortable. « Item mondict seigneur a faict faire crie que les pauvres qui prendront le pain de l'ausmosne ne mandieront plus, permettant à ceulx qui les verront mendier de les battre, enjoignant quatre escus d'amende à ceux qui leur donneront l'ausmosne, applicables un escu au dénonçant, et le reste à la chambre apostolique. »

Dans une assemblée tenue le même jour, MM. les consuls, sous la présidence du Recteur, firent le compte des dépenses que la ville avait faites dans le courant du mois de décembre, et il fut trouvé qu'elles s'étaient élevées à la somme d'au moins douze cents écus (3,600 fr.), somme énorme pour cette époque, où le numéraire était si rare, et où l'argent avait beaucoup plus de valeur qu'aujourd'hui. De ce jour les pharmaciens ne purent plus donner de médicament sans un billet du médecin, ni aucune chose autre que les remèdes, sans une autorisation écrite de messieurs les consuls.

Dans le mois de janvier, nous remarquons ce qui suit :

Une femme est mise au collier pour avoir quitté, sans permission, une maison empestée, qu'elle habitait. Les Barrats furent chargés de platiner les maisons infectées, diverses défenses furent faites aux infortunés habitants du quartier de la porte de Mazan, plus soupçonné de peste qu'aucun autre. Les convalescents de la ville furent conduits aux cabanes de Lirac, ceux de l'hôpital à Nalis, et les mendiants furent logés à la Bénédicte. Des visites furent faites par le Recteur à divers villages (Pernes, Caromb e c.), où le mal avait fait des progrès. Il fut expressément défendu de laver du linge aux fontaines de la ville ; cette opération dut se faire au ruisseau de l'Auzon. Quand une maison avait été infectée, les deux maisons les plus voisines à droite et à gauche étaient fermées instantanément ; nous lisons à ce sujet, à la marge, que cette mesure avait parfaitement réussi pour arrêter le progrès du mal. On nomma des décurions pour conduire les fidèles à la messe, afin que toutes les sages prescriptions qui avaient été faites préalablement pour éviter le contact entre les individus, y fussent rigoureusement observées. L'obéissance à ce point du règlement de la ville ne fut pas exacte, on voulut guère s'y conformer. Quant à la distribution de la viande de boucherie, on prit des mesures pour contenter le peuple : « Item, dit le texte, sera faicte crie publique, pour éviter le meslange du peuple qui se presse à la boucherie aux heures qu'on coupe la chair, que l'on coupera durant tout le jour à ladicte boucherie, et particulièrement le sabmedy, sçavoir : le matin, de sept à dix heures ; et l'après disné, d'une heure jusque à quatre. » La ville fut divisée en quatre quartiers ; un chef surveillant fut établi à chacun d'eux ; celui-ci en nommait cinq à six autres pour l'aider dans ses fonctions. Chaque jour, le surveillant ou son délégué faisait descendre les habitants de chaque maison sur le seuil de la porte, pour s'informer de leur santé ; le chef faisait ensuite son rapport à M. le Recteur ou à MM. les consuls. Cette sage précaution eut beaucoup de succès. Un individu frappé de la peste fut condamné à être arquebusé, pour avoir caché son mal 7 à 8 jours. Les maisons pestiférées furent parfumées avec beaucoup de soin. On avait la précaution, avant de faire cette opération, d'enlever tous les linges et meubles ; ceux qui avaient touché immédiatement l'infortuné qui était mort de ce mal étaient brulés. Les autres meubles étaient placés dans l'hôpital, et et les autres linges étaient lessivés. « Cependant qu'on fera la lexive des linges, dit le texte, les maisons se parfumeront avec foin, vinaigre, soulffre, salpêtre, cade, rosmarin et pouldre, et le parfum commencera à sept heures de nuict, les portes et fenestres estants bien bouchées et fermées, tant que le parfum agira. » L'auteur du manuscrit a noté en marge, qu'il n'est jamais arrivé d'accident fâcheux à ceux qui ont fait cette opération dans les habitations infectées, et qu'il en est résulté un avantage pour les maisons elles-mêmes, qui ont été, par ce moyen, purgées de leurs miasmes délétères.

### VŒUX DE VILLE.

Sur la proposition du R. P. Recteur des Jésuites, les consuls firent des vœux, au nom des habitants, pour apaiser la colère du ciel, et s'y obligèrent leur vie durant, conjurant leurs successeurs de continuer leur accomplissement. Voici à ce sujet ce que Fermin a annoté dans son manuscrit, p. 53 et seq :

« Du sabmedy vingtièsme janvier, jour et feste de Sainct-Sébastien. »

« Messieurs nos consuls, pour accompagner leur saincte résolution et les vœux qu'ils font cejourd'huy à la divine majesté à l'honneur de son S$^t$-Clou, de S$^t$ Joseph, S$^t$ Joachim, S$^{te}$ Anne et l'Ange tutellaire de cette ville... pour obtenir de la divine bonté la cessation de la peste et la mortalité justement envoyée dessus nous, ont exhorté durant ceste sepmaine tant de vive voix qu'à son de trompe, tout le peuple de concourir et assister leur dévotion d'un jeusne général qui se faistle jourd'hier, et de la sainte communion ce jourd'huy. »

« Semblable exhortation a esté faicte par les lieux circonvoisins, où partie de nos habitants se treuvent réfugiés à cause de la maladie, et mesme aux consuls desdicts lieux de nous favoriser de leurs prières, ce qu'a esté faict par un zèle nompareil. »

« A ce mesme jour et feste de S$^t$ Sébastien, comme un des patrons de la peste, dans l'église cathédrale de S$^t$-Siffrein, sur les dix henres du matin, en assistance de Mgr le R$^{me}$ Recteur et du P. Recteur des Jésuites et quelques aultres notables de la ville, avec moy, notaire, seulement introduits dans ladicte église pour éviter le meslange du peuple qui y seroit accouru. »

« A la première ablution de la grande messe célébrée par monsieur le R$^d$ Vicaire, après l'ellevation (il y a dans le texte, *lelleuaoni* nous avons traduit par *l'élévation*, ce qui répond au mot récent *exposition* du S$^t$ Sacrement), du Saint Sacrement, estants messieurs les trois consuls en chaperon, à deux genoulx devant le maistre-autel, sur lequel le sacré chef de S$^t$-Siffrein, nostre ancien protecteur et le S$^t$-Clou estoyent déposés, a esté faicte lecture des susdicts vœux par M. Balbi, leur secrétaire, récitants lesdits sieurs consuls tout bas les mesmes mots qu'il prononçoyt, pendant laquelle publication les cloches, le tintamarre de l'artillerie, ont sommé nos voisins d'alentour à nous assister de leurs prières. »

« Teneur dudict vœu et approbation dicellui faite par Mgr Ill<sup>me</sup> et R<sup>me</sup> Vice-Légat d'Avignon, nostre évesque. »

« Cosme Bardi, Evesque de Carpentras, vice-légat en cité et légation d'Avignon, désirant de coopérer de tout nostre possible à tout ce qui peult profiter pour appaiser l'ire de Dieu, à ce que luy plaise vouloir faire cesser le mal contagieux, et donner parfaicte santé et espandre ses sainctes bénédictions sur la cité de Carpentras; ayant veu et meurement considéré la saincte résolution prinse par les sieurs consuls dedicte cité, contenant les vœux qu'ils désirent faire à la divine Majesté, à l'honneur de son Clou, par l'intercession de S<sup>t</sup> Joachim, S<sup>te</sup> Anne, S<sup>t</sup> Joseph et leur S<sup>t</sup> Ange tutellaire, de teneur suivantes : »

« Nous, Esprit Dantelon, Esprit de Thézan et Esprit Eymar, consuls de la ville de Carpentras, tant à nos propres noms que comme représentant le corps de la ville, confessons, qu'encore qu'il ayt pleu à Dieu de nous punir justement, et que par cé que nous n'avons pas obéi à ses commandements, il a envoyé la peste et la mortalité dessus nous, néantmoings, nous confiants à sa divine bonté et mérites de la passion de son Fils, d'un des principaulx monuments de laquelle il luy a pleu d'honorer ceste ville, qui est le S<sup>t</sup> Clou, tant pour nous que pour les consuls qui nous succéderont, en tant que nous les pouvons obliger, faisons vœu à la divine Majesté en présence de toute la cour céleste, d'honorer le S<sup>t</sup> Clou qui est à nostre ville plus spécialement que jamais, et à c'est effect, affin qu'il soit plus dignement et plus maiéstueusement adoré, que l'hors qu'il plaira à Dieu faire cesser entièrement la peste en ceste ville; rendre la pristine santé aux habitants qui y sont demeurés, et donner moyen à la plus saine et principalle partye d'iceulx qui ont esté contrainits de fuir devant le glaive de sa colère, de retorner : » (Premier vœu), « de donner cinq cents escus de trois francs pièce, soit pour bastir, soit pour peindre et orner une chapelle en laquelle le S<sup>t</sup> Clou soit publiquement déposé, fesants sur ce subject en temps et lieu ce qu'avec messieurs du conseil de la ville nous treuverons estre plus expédiant. »

« Et parcé qué à la distribution des deniers publicques de la communauté, nostre pouvoir est limité, et n'avons authorité de disposer de sommes si grandes, sans interposer celle desdicts sieurs du conseil de la ville, ce qui faict que nostre vœu ne peult estre à présent que conditionnel, et affin qu'il puisse estre » (deuxième vœu), « purifié et rendu absolu, nous entendons... pareillement tant pour nous que pour nos successeurs, comme dessus que sitost que les citoyens absents seront retornés, nous ferons assembler le conseil en tel nombre, que sera requis pour confirmer et faire sortir à effect ceste première partye de nostre vœu et saincte intention. »

« Et, affin qu'il plaise à la glorieuse Vierge Mère de Dieu et à ses bienheureux parents, S$^t$ Joachim et S$^{te}$ Anne, S$^t$ Joseph son bien-aymé espoux, et à l'Ange gardien de ceste ville de Carpentras, joingdre leur intercession pour elle envers nostre Seigneur Jésus-Christ, avec celle de nostre ancien protecteur S$^t$-Siffrein, et pour le désir que nous avons d'augmenter la dévotion de S$^t$ Joachim et S$^{te}$ Anne, protecteurs de nostre collège » (troisième vœu), nous voüons pareillement audict cas de cessation de peste, qu'à perpétuité le jour de la feste S$^t$ Joachim, vingtième de mars, les consuls de ceste ville avec le conseil ordinaire, s'assembleront en la chambre de ville, et de là se transporteront à la chapelle qui est de p$^{nt}$ audict collège, à l'eiglise dont nous avons jetté les fondements, quand elle sera bastie pour après que la messe aura esté dicte à l'honneur de S$^t$ Joachim, avec commémoration de Sainte Anne, son espouse, y recepvoir la communion, remercier lesdicts saincts du bénéffice reçeu, et les prier à l'advenir de divertir de la ville les maladies contagieuses par leur intercession, et affin que tous les habitants participent à la recognoissance et action de grâces d'un bienfaict si notable; par mesme décret, tous les habitants de maison de la ville seront induits à se communier pareillement à l'honneur desdicts saincts, audict jour de S$^t$ Joachim, et les autres habitants de les honorer de leur pouvoir, lequel décret sera leu par touts les carrefours de la ville, à son de trompette, par le greffier de la ville, à chasque veille S$^t$ Joachim ainsi e perpétuité. »

« D'abondant que nous ou nos successeurs procurerons... Monseigneur l'Evesque de Carpentras, que la feste de Saint Joachim soit fériée en ceste ville à perpétuité, de mesme que celle de S$^t$ Anne, et donnerons toute assistance de nostre credict et faveur au R$^d$ P. Recteur des Jésuites, pour obtenir de la ville d'Apt quelque partye des reliques de S$^{te}$ Anne pour estre déposée en la chapelle ou future église dudict collège, et en oultre que pour commencer solennellement une si saincte action, à la première feste S$^t$ Joachim qui tombera après que le mal sera entièrement cessé, et les habitants absents de la ville retornés à leurs maisons, sera faicte procession solennelle en laquelle assisteront touts les corps de l'estat ecclésiastique et séculier, et à icelle l'imaige desdicts saincts sera porté par la ville, puis la grand messe célébrée à leur honneur, à la fin de laquelle sera chanté le *Te Deum Laudamus* en action de grâce. »

« Et par cé qué les mesmes motifs qui nous incitent à la dévotion de S$^t$ Joachim et de S$^{te}$ Anne, nous incitent pareillement à la dévotion de S$^t$ Joseph, et que nous y voyons nos concitoyens enclins, lesquels pour estre préservés de la peste, par une inspiration du ciel, ont mis ses trois noms dessus les portes de leurs maisons, » (Quatrième vœu) « Nous vouons pareillement qu'à perpétuité, chasque année, au jour de sa feste nous présenterons un cierge de six livres de cire blanche, à son honneur devant l'autel qui est en l'église des Dames religieuses de l'ordre de S$^t$-Bernard de ceste ville. »

« Tout lequel vœu nous prions humblement l'Ange tutellaire de ceste ville de représenter à Dieu et aux saincts y denommés employant sa faveur avec la leur, auquel pour recognoissance, » (cinquième vœu), nous vouons pareillement, d'offrir un cierge de cire blanche du semblable poids de six livres, à perpétuité, en sa chapelle qui est à S$^t$-Siffrein au jour que l'eiglise célèbrera sa feste. »

« Nous prions donc la Divine bonté, par les mérites de son prétieux sang et spécialement de celluy qui est sorti de la playe perçeurée de son S$^t$ Clou, qu'il luy plaise de recevoir nostre vœu en odeur de suavité, et tout ainsin, qu'il luy à pleu de nous donner la grâce pour le désirer et offrir, il luy plaise aussy nous la donner abondante pour le parfaire et accomplir, priants humblement nostre Ill$^{me}$ et R$^{me}$ Evesque, vice-légat d'Avignon, d'accepter nostredict vœu, y interposant son authorité et commandement, affin qu'il soit ferme et stable, et nos successeurs obligés avec nous de l'exécuter. »

« Regretants infiniment ne pouvoir en propre personne, l'accepter et assister à l'effectuation d'icelluy, le deub de nostre charge de la vice-légation, ne nous permettant de nous jetter dans ladicte cité de Carps affligée du mal; ayants priés longtemps et eu les mesmes intentions et affections que lesdicts sieurs consuls; acceptants ledict vœu pour sa plus grande validité de présent et pour l'advenir, par ces pntes avons confirmé et approuvé, confirmons et approuvons tout le contenu en icelluy, voulants qu'il sorte son plein et entier effect et qu'il soit punctuellement observé et effectué par lesdicts sieurs consuls, conseil et ville de Carps annuellement et à perpétuité suivant ses formes et teneur, interposant comme interposons sur le tout nostre authorité ordinaire et en tant que de besoing celle de nostre vice-légation en la meilleure forme, commettant la réception du susdict vœu à nostre vicaire général, résidant audict Carps. Donné au palais apostolique d'Avignon, ce dix-huitième janvier mil huit cent vingt-neuf. Cos. eps Carpen. V.-legatus. Par commandement de mondict seigneur Ill^me et R^me Evesque et Vice-légat Sanvati graffi. »

### CÉRÉMONIE DU VŒU.

« Laquelle lecture ainsi que dessus faicte mesdicts sieurs consulsen l'estat que dessus et estants inclinés profondément devant le S^t Sacrement et le S^t Clou, les larmes aux yeux, frappants leur poitrine, ont demandé pardon à Dieu et crié miséricorde et baisé la terre, non sans pleurs et larmes des assistants et particulièrement des presbtres et après avoir signé ledict vœu. Ledict sieur Dantelon, premier consul, l'a remis audict sieur R^d Vicaire, lequel, en qualité de commissaire de mondict seigneur Ill^me Évesque et Vice-légat l'a reçeu et accepté, et après avoir reçeu la sainte communion en compagnie du R^me Recteur et tout plein d'aultres, la messe achevée, se sont retirés, remettants la procession à l'après disnée, attendu qu'il est desia tard et le vent impétueux qu'il faict »

### PROCESSION SOLENNELLE DU S^t-CLOU.

« En après environ midy dans la mesme eiglise S^t-Siffrein, tout le corps ecclésiastique assemblé la procession solennelle du S^t Clou a esté faicte au dehors et dans la ville en l'ordre que s'ensuit : »

« Premièrement, ont précédé les bannières de S^t Sébastien, S^t Roch, les images de S^t Joachim, S^te Anne, S^t Joseph et du S^t Clou, et de l'Ange gardien, la bannière de Nostre-Dame-du-Chapellet et de grace, et celle de Nostre-Seigneur feurent accompagnées par les prieurs de sa confrérie. »

« Après les trois compagnies des pénitents, les Pères capucins, Observantins, Jacobins et messieurs de S^t-Jean. »

« Après S^t Roch et S^t Sébastien, suivoit le sacré chef de de S^t-Siffrein, protecteur de ceste ville précédé par douze soldats..... et accompagné de messieurs les consuls, ayant l'écusson de la ville. »

« Après messieurs de S^t-Siffrein, le S^t-Clou, qu'oncques on avoyt veu sortir de l'eiglise porté par monsieur Magnan, chanoine et pénitencier de ladicte eiglise, sous le pali sive days. »

« Tout après, Mgr le Recteur accompagné de douze soldats italiens, du R^d Père Recteur des Jésuites, ses domestiques, moy notaire, et des depputés des rues et des quartiers seullement, les officiers en queue pour empescher que personne autre ne suivit. Et en tel ordre et estat, bien qu'il feist un gros vent et glacial, ladicte procession est sortie par la porte de Nostre-Dame et a faict le grand tour de la ville par dehors. » .

« Arrivés à la tour de Beau Repaire, et en veue de l'hôpital des pestiférés et des cabanes du Mourre de Lirac, ledict sieur Magnan a donné la bénédiction avec le S<sup>t</sup>-Clou audict hôpital et cabanes, ayant veu à mesme temps quantité de monde aux fenestres dudict hôpital, estendues de son terroir et cabanes à genoulx frappants la poitrine et baisants la terre, ce qui esmouvoyt les assistants à larmoyer à bon esciant. »

« De là, continuant son chemin le long desdictes murailles, on a donné par deux fois la bénédiction avec le S<sup>t</sup>-Clou, à la porte de Mazan, et vis-à-vis des rues plus infectes. A l'entrée de la porte de Nostre-Dame, les pauvres mendiants de la bénédicte, en nombre de quatre-vingts ou cent, accompagnés de leur conducteur, sont venus au rencontre de la procession et du S<sup>t</sup> Clou, avec leur croix chantant les litanies de la Vierge, et, s'estant touts dispersés dans la terre de M. Paul là proche, teste et pieds nuds, genoulx à terre, se sont mis à crier miséricorde, frapper poitrine, baiser la terre avec tant de larmes et de gémissements, qu'on heust dict qu'ils vouloyent avec leurs larmes arracher la miséricorde de la main de Dieu par les mérites de son S<sup>t</sup>-Clou, duquel receurent enfin la bénédiction, avec laquelle chantant les mesmes litanies, s'en allarent à Nostre-Dame-du-Grés les parachever où sembloyent prendre congé de Nostre-Dame comme s'ils ne debvoyent jamais rentrer dans la ville »

« Pas un des assistants n'a eschappé sans pleurer à son beniet saoul. »

« De là, on a reprins le tour ordinaire dans la ville et au monastère des relligieuses de S<sup>t</sup>-Bernard et S<sup>te</sup> Ursulle et des Carmélines, on a faict baiser le S<sup>t</sup>-Clou aux dictes dames. »

« Et finallement, après la bénédiction receue dans la grande eiglise chacun s'est retiré à son quartier. »

Dans les diverses assemblées qui se tinrent encore dans le même mois de janvier, il fut réglé que chacun devait être retiré chez soi à six heures du soir, que le couvent de l'Observance serait *platiné*, (cette expression dérive sans doute du mot *platine*, expression vicieuse, employée dans les départements du midi pour signifier la grande plaque de fer qui sert à boucher le four) (Voir le dict. des express. vic. les plus conn. dans les départ. méridion., v. platine), à cause qu'un religieux de cet ordre y était mort avec des symptômes de peste; que les députés des quartiers viendraient faire leur rapport à l'assemblée le lundi et le jeudi de chaque semaine; enfin, que les propriétaires des maisons désignées pour être parfumées et ensuite fermées, avaient le droit d'y rentrer pour prendre leur argent et leurs joyaux avant de sortir de la ville pour faire quarantaine.

### FÉVRIER.

Les malades ainsi que les convalescents, ne purent rentrer dans la ville qu'après deux quarantaines entières, ayant au préalable changé d'habits et brûlé ceux qu'ils portaient en quarantaine. Cette mesure eut les plus heureux résultats.

Le 10 du même mois, M. de Thézan, 1er consul, après avoir fait le dénombrement de ceux qui se trouvaient dans la ville, trouva qu'il y avait seulement trois mille neuf cent quatre-vingt dix personnes, sans compter ceux qui avaient été conduits à l'hôpital Nalis ou aux cabanes, pour cause de maladie réelle ou apparente. Le 23, on fit le dénombrement des malades, et l'on trouva :

1º Dans l'hôpital,  57 malades.
   id.              8 serviteurs de malades.
2º A Nalis,         60 convalescents.
3º A Crouzet,       27 personnes soupçonnées de peste.
4º Aux Cabanes      102 personnes.
   En tout          254

Depuis le commencement de l'épidémie jusqu'au 23 février, Fermin compte dans son manuscrit, 263 décès des personnes qui étaient mortes tant de peste que d'autres maladies. Voir la page 74.

De novembre 1628 au 23 février de l'an 1629, il y a eu : 263 décès, p. 74. — En mai, 139, p. 184. — Du 1er juin au 30 juin, 362, p. 141. — Du 1er au 30 juillet, 436. — Août, 190, etc.

En tout, le nombre des morts à Carpentras depuis le commencement de la maladie jusqu'à la fin, est arrivé à trois mille deux cent. — 3,200, p. 240.

Dans une assemblée qui fut tenue le même jour, on régla que la chambre du pestiféré sera blanchie avec le laict de chaulx.

Item, que ceux qui sortiront de l'hospital, pour entrer dans Nalis, seront premièrement parfumés avec leurs habits, s'ils n'en ont point d'autres pour changer.

Le mesme sera observé avant que sortir de la grange de Nalis pour entrer aux cabanes de la 1re quarantaine.

On remarque dans ces détails la sagesse des précautions dont on usait à l'égard des maisons et des personnes, afin de couper la racine au mal par toute sorte de moyens. Aussi l'auteur du manuscrit n'a pas manqué d'annoter que ces mesures excellentes atteinrent le but qu'on s'était proposé.

## MARS.

Les infortunés habitants de Carpentras furent dispensés de l'abstinence par leur Evêque, durant le carême qui commençait le 1er de ce mois ; en vertu de cette dispense, il leur fut accordé la permission d'user des œufs, de beurre et de viande.

M. Villardi, vicaire général, offrit à l'assemblée, tenue le même jour, des prêtres pour exercer charitablement et gratuitement l'office de maîtres de santé.

Les lavandières ne purent prendre que dans l'eau courante les linges qui leur étaient donnés par les blanchisseuses de santé, pour les laver. Cette précaution eut beaucoup de succès, pour faire cesser la propagation du mal contagieux.

Il fut défendu aux chrétiens d'entrer dans la juiverie, pour secourir les israëlites. Ils durent se suffire à eux-mêmes.

On ne permit la vente que des morues sèches et du poisson salé sec.

Dans une assemblée tenue le 5, il fut ordonné que les juifs les plus pauvres et les plus misérables seraient mis hors de la ville, et que la juiverie serait fermée. Elle fut fermée en ce sens que les individus de cette secte ne purent plus quitter leur quartier pour circuler dans la ville, excepté pour aller à la fontaine puiser de l'eau, à l'heure indiquée, mais ils nommèrent trois ou quatre des leurs pour faire les provisions dont ils avaient besoin; toutefois MM. les consuls pourvurent à leur égard aux besoins de première nécessité, ils déléguèrent des hommes pour aller prendre de leur blé, et en faire du pain qu'on leur portait.

Dans une assemblée tenue le 12, on fit une ordonnance, en vertu de laquelle, du moment qu'une maison était atteinte du mal, tous les locataires de ladite maison ou autres qui y demeuraient devaient en sortir. Ce règlement de police sanitaire eut de bons résultats.

Il fut aussi réglé qu'on répandrait sur les cadavres de la chaux vive.

## AVRIL.

Le jour du jeudi-saint qui était le 12, commença *la serrée* de 21 jours, c'est-à-dire, qu'il fut défendu aux habitants, pendant tout ce temps-là, de sortir de leurs maisons. On les conduisait séparément par bandes de famille à la fontaine, à la boucherie et au four. Le jardinage et autres provisions de bouche étaient achetées sur le seuil de la porte, et les vendeurs ne pouvaient prendre qu'au vinaigre l'argent qui leur était donné pour prix de leurs denrées. Toutefois les maisons religieuses eurent la faculté d'avoir un pourvoyeur particulier pour leur service.

Les fidèles ne purent faire la visite des Eglises en ce jour, comme ils la faisaient pieusement les autres années, le St Sacrement n'ayant été exposé que dans la cathédrale ; ils furent invités, par Mgr le Recteur, pour les dédommager de cet acte de religion, à chanter en chœur les litanies, quatre fois le jour, aux fenêtres de leurs maisons, et quelquefois le chapelet au son de la cloche.

Durant les trois fêtes de Pâques, toutes les messes furent dites dans les rues ou sur les places, et les autels étaient tellement disposés que les fidèles purent, ou du seuil de leurs portes, ou de leurs fenêtres assister au saint sacrifice, sans être obligés de se mêler.

Il fut défendu d'établir dans la ville aucune magnanerie ; il ne fut facultatif d'élever des vers à soie que dans la campagne, et même l'air était tellement pestilentiel que ces animaux périrent presque tous dans les granges où ils furent élevés, et presque tous ceux qui faisaient la cueillette de la feuille de mûriers furent frappés du mal.

Le 18, on accorda une dispense sur *la serrée* pour le labourage et la culture des champs ; les précautions les plus minutieuses furent prises pour empêcher toute espèce de contact entre les travailleurs.

Le blé était lavé plusieurs fois et parfumé au thym et autres choses odoriférantes. La soie était déployée, battue, parfumée et laissée au serein, durant 7 à 8 jours avant de la placer en lieu de réserve. La laine était lavée, bien battue, parfumée et exposée au serein, l'espace de 7 à 9 jours, avant de s'en servir. On voit bien que tous ces soins de propreté, tous ces moyens de salubrité employés par ordre du Recteur et des Consuls, sont marqués au coin de la sagesse.

Le 20, on reitéra l'ordonnance de la police de tuer les chiens et les chats dans la cité, afin qu'ils ne pussent communiquer l'infection.

MAI.

Le 1, devant le couvent des Rds PP. Capucins eut lieu la création du nouveau consulat, en présence du Recteur et de plusieurs notables de la ville ; furent nommés consuls pour cette année : MM. Arnoux Galterii, docteur es droits, Jean-Scipion de Fougasses, baron de Samzon et Simeon Duchayne. Le 6, qui était un dimanche, ils entrèrent dans la ville pour prendre possession solennellement de leur charge ; après avoir adoré Dieu et rendu leurs hommages au Recteur, accompagnés des consuls leurs prédécesseurs et de M. Reyne le nouveau trésorier, ils visitèrent toute la ville à cheval; les six consuls étaient en chaperon.

Le 11, on publia dans la ville, à son de trompe, que quiconque irait de nuit à l'hôpital des pestiférés pour prendre ou pour dérober du linge ou pour quelque autre motif, sans autorisation, ou qui sortirait de cet établissement après 7 h. du soir, pourrait être arquebusé par la garde.

A cette fin, deux potences furent dressées le 14, l'une, à la barre dudit hôpital, et l'autre au pont de Serres, « pour oster le courage aux meschants d'exécuter leurs mauvais desseins. »

Une femme et sa mère, empestées toutes les deux, communiquèrent tellement la maladie à la rue neuve ainsi qu'à celle dite de M. le vicaire, que, dans l'espace de huit jours, ces deux rues furent entièrement ravagées par l'épidémie.

15, par ordre de la police, les assemblées et les festins furent prohibés sous peine de mort, et le 20¹, la communication entre les habitants de Monteux également infectés et ceux de Carpentras fut défendu, sous la même peine.

Dans une assemblée tenue le 23, on dressa un règlement fort sage sur la manière dont les habitants devaient se conduire à l'issue de la serrée.

### JUIN.

1, La peste ayant éclaté dans la juiverie, on força les israélites à quitter la ville, et à aller se loger dans les cabanes de leur cimetière; il n'en resta que 10, qui furent chargés de procurer aux autres les provisions, dont ils avaient besoin.

14, jeudi. « Ce jourd'huy, sur les dix heures du matin, a esté faicte la procession du Saint Sacrement accompagnée de Mgr le Recteur et de MM. les Consuls, moy, notaire, et quelques depputés des quartiers de deux à deux, les officiers en queue pour empescher l'abord de toute autre personne. »

« Et à toutes les rues et traverses aboutissantes aux rues du tour ordinaire de la procession, on a donné la bénédiction avec le Saint Sacrement qui estait porté par monsieur le chanoine Gauchier. »

« Le P. Recteur des Jésuites porté d'un zelle nompareil s'en alloit tout esploré, devançant le St Sacrement, et à l'heure de la bénédiction, se jettant à terre, crioyt si fervemment miséricorde à Dieu, avec tout ce pauvre peuple qui s'estoit arrangé parmi ces rues affligées, tout perdu et fondu en larmes et en repentance, que si la continuation de nos péchés n'heut retardé les effets de la miséricorde divine, je crois que nous heussions esté entièrement garantis. »

« Les mesmes processions et bénédictions du St Sacrement parmi les rues ont continué durant l'octave. »

« Bon Dieu, faictes que tant de larmes que nous avons versé servent en la rémission de nos crimes. »

« Le dernier jour de l'Octave ont est allé donner la bénédiction avec le St Sacrement à l'hospital des pestiférés, du bout du parterre de M. de Pilles, en veue dudict hospital et des cabanes; les cabanes saines le sont venues recepvoir de plus près, tout le monde criant miséricorde, et sortist-on par la porte de Monteulx rentrants par la mesme. »

Ce même jour on ferma le collège des Jésuites, dont quelques-uns furent atteints par l'épidémie, et en moururent, après avoir exercé avec dévouement le saint ministère parmi les pestiférés.

« Secret toutesfois de Dieu, dit M. Fermin (p. 140), que la maladie ne les a peu atraper que l'hors qué pensants à leur conservation et à celle du public, ils ont commencé de confesser dans leur grand' basse-cour, de trois pas loing, ayant jusques alhors confessé dans leur grande congrégation et à leur église à l'accoustumée et bouche à bouche. »

### JUILLET. 1629.

« 1. Quatre pieuses damoyselles à l'imitation de l'an 1580, ont voué de donner à St Roch un cierge de cire de la rondeur des murailles de la ville, lequel bruslera tousiours, et à ce fins ont commancé des faire queste par ville. Du 17$^{me}$ dudict ont faict poser la roue de cire à la chapelle dudict St, et en doibvent faire une aultre pour St-Sébastien, laquelle fera en tout la rondeur des murailles qui tirent à ce que j'ai apprins mille et cinq cents cannes par le dehors (ce qui fait trois kilomètres) et neuf cent treize par le dedans. »

5. Les Pères Capucins offrent leur ministère pour aller confesser les malades à domicile. Il est accepté avec reconnaissance le même jour, dit notre journaliste p. 152 v° et 153, « entre les neuf à dix heures du soir lesdicts Pères, à la persuasion de Mgr le Recteur et de messieurs les Consuls comme des autres prophètes Jonas portant une petite clochète en main, s'en sont allés par la ville, criants : *Peuple de Carpentras, pénitence, pénitence, ton Dieu est irrité, crie-lui miséricorde*, et autres semblables paroles qu'heussent peu esmouvoir les rochers à compassion, sans que je puisse taire combien ces plaintives voix frappoyent dans les cueurs d'un chacun, qui, sur l'entrée de son premier sommeil se resveilloit tout estourdi, et se jettant à genoulx et en fenestre crioyt à bon escient miséricorde à son Dieu et ainsin passants de rue en rue, ont continué jusques après minuit. »

Cette procession ne continua que deux jours, « d'aultant que le troisième, le compaignon dudict Père Siffrein s'est trouvé touché de la maladie, et leur couvent a esté fermé par le maladie d'un aultre religieux. »

7 « Les susdicts Pères Capucins ayant apprins qu'une femme de celles qui sont avec les pauvres mendiants à la grange de monsieur Bénédicté, appellée Françonne, ayant heu quelque vision dimanche dernier, la sont esté voir et examiner à ladicte grange pour sçavoir que c'estoit, et ont apprins (comme de mes propres oreilles leur ay ouy rapporter à Monseigneur et à messieurs les Consuls, que dimanche dernier sur les dix heures du soir (1er juillet), estant allé dessoubs d'un amandier proche lad. grange, disant son chapellet, lhors que tous les aultres pauvres faisoyent leur procession ordinaire, où elle ne pouvoyt assister à cause de son indisposition, lui apparust une personne de grande stature et de gravité nompareille, toute habillée de blanc de six à sept pas loing. D'abord s'estant effrayée de ceste vision, elle entendit dire qu'elle n'heust point de peur par deux fois. Sur quoy s'estant refirmée, la vision lui demanda où est cé qu'estoit tout ce beaul peuple, elle lui respondit qu'il estoit allé en procession avec leur conducteur à Nostre-Dame du pont de Serres, ou bien à Nostre-Dame-du-Grés ; et lhors la vision luy respondist que c'estoit le vray moyen d'apaiser l'ire de Dieu par prières et pénitence, et donna charge à ladite femme, au retour de lad. procession, de dire au conducteur que demain matin veinst dire à messieurs de Carpentras qu'ils feissent de processions et portassent les reliquaires de St-Siffrein, qu'aultrement ils s'en repentiroyent. La femme curieuse voulust interroger la vision qui c'estoit, et la vision luy respondist qu'il n'estoit pas besoing qu'elle le sceut, seullement qu'elle s'acquicta de sa charge. »

« Lesdicts repliquarent à ladicte femme de penser bien à ce qu'elle disoit, et de ne dire point de mensonge. Lhors elle leur respondist que c'estoit chose très-véritable et qu'elle s'en déchargeoit et les chargeoit eulx-mesmes. »

Ce mois de juillet fut signalé par des choses ou des évènements extraordinaires. Le premier jour, quatre personnes picuses font vœu de faire brûler devant les images de St Roch et de St Sébastien, un cierge replié sur lui-même dont la longueur égale l'étendue des murs de la cité. Le soir du même jour, une sainte, probablement la Ste Vierge, apparaît à une pauvre femme malade, au moment où elle déroule les grains de son chapelet, sous un arbre. Elle la charge de faire dire, par le chef de l'hospice aux consuls de la ville, que le vrai moyen d'apaiser la colère du ciel c'était de faire des prières et des pénitences. Le 5, de fervents religieux sont inspirés du ciel pour aller, comme d'autres Jonas, prêcher la pénitence dans toutes les rues et sur les places publiques, et ils se livrent à ce pieux exercice avec une ferveur admirable qui ranime la componction dans tous les cœurs. Le 7, les consuls prennent en considération le rapport qui leur est fait par les PP. Capucins sur l'apparition de la S^te Vierge à la pauvre femme infirme, et ils délibèrent qu'à dater du 8 juillet, des processions de pénitence se feraient chaque jour dans la ville; qu'ils commenceraient par payer de leurs personnes le premier jour, qu'ils iraient en corps, pendant la nuit, la corde au cou et nu-pieds, dans les rues, en chantant tout bas le *miserere*; que le lendemain et les jours suivants, des processions semblables seraient continuées par des personnes qui seraient reconnues les plus zélées au jugement desdits Pères; que ces personnes seraient au plus au nombre de huit, et qu'elles se prépareraient à cette œuvre de pénitence par la confession et la communion le même jour. Toutefois on ne put réaliser ce pieux projet que le 10 du courant. Un incendie qui eut lieu à la maison des parfumeurs dans la nuit du 7 au 8, mit toute la ville en émoi. « Dudict jour, dit Fermin, p. 156 et v°, environ minuict, le feu se meist à la maison où estoyent logés les parfumeurs, a la rue de Lestan, et brusla trois petites maisons, et bien valeust qu'il ne faisoit point de vent et le prompt secours qu'on y apporta, car infailliblement toute ceste isle se fust bruslée. La ville estoit tellement aux allarmes et au dedans et au dehors, tant par le grand sonnement des cloches de toute la ville, et du trompete qui s'en alloit sommant les massons d'y aller au secours sur peyne de la vie, qu'on heust facillement creu que c'estoit une aultre prinse ou embrasement de troye. »

Le 10, à trois heures du matin, la cloche de N.-D. du pont de Serres est tintée par une main invisible, comme nous l'avons rapporté *in extenso* dans notre notice historique.

Le même jour, on érigea ce petit sanctuaire en chapellenie, une messe perpétuelle y fut fondée par la ville.

10 « Nos pauvres concitoyens se sentants trop plus obligés à recognoistre les effets de l'amour de la Ste Vierge, laquelle (si ainsi fault dire) compatissant à nostre misère, nous en a donné desie des preuves si signalées, et particulièremant au son de la clochette du pont de Serres, et pour tascher encores par son intercession de se procurer la grâce que la continuation de nos péchés nous interdict, habillés en pénitents, sans ceinture, avec les sandalles, la corde au col, portants le mémorial de la passion du fils de la Vierge, sur les dix heures de nuit, ont commencé d'aller en grande dévotion et pénitence par la ville et aux portes des églises, chantants tout bas le *miserere*, en nombre toutesfois de huict seullement,

sans que personne les osa suivre, à cause des deffenses, de façon que, qui les voyoit passer, estoit forcé de se rendre aux larmes, et de penser à la misère et à prier Dieu. »

Malgré l'épidémie, qui semblait devoir cacher à la connaissance des tribunaux les malfaiteurs, et les protéger en quelque sorte, à cause des bouleversements qu'elle occasionnait, les juges étant occupés d'ailleurs du soin de veiller à la salubrité publique et à celle de leurs familles respectives, la justice toutefois s'exerçait en rigueur. Le 17, trois paysans convaincus d'avoir dérobé des objets, soit dans l'église des capucins, soit ailleurs, furent condamnés, le premier à dix ans de galère, le second nommé Antoine Alari à être pendu, ce qui fut exécuté le même jour par le troisième qui avait pour nom Antoine Pélissier.

### Le 26, fête de Ste Anne.

« Confirmation du vœu avec dépost des 500 escus destinés pour icelluy : »

« Nous, Arnoulx Galtérii, docteur es droit, Jean Scipion de Fougasses, seigneur de Sampson, conseigneur de la garde paréol, et Simon Duchayne, consuls de la cité de Carpentras, après que lecture nous a esté faicte du vœu esmis par messieurs nos confrères et prédécesseurs au consulat, les sieurs d'Antellon, de Thezan et Eymar, et bien instruicts du grand fruict qu'a faict ledict vœu à la ville par la cessation de la peste par tant de temps, que si la continuation de nos péchés et iniquités n'heust retardé les effects de la miséricorde de Dieu, nous croyons asseurement que nous heussions esté entièrement garantis par les mérites du prétieux sang de son Fils, lequel par sa bénignité nous en a donné le gaige au prétieux clou qu'il nous a conservé et faict découler par le passé l'abondance de ses grâces sur nostre ville, de tant plus que nous recognoissons en ceste part la puissance et efficace de l'intercession de la glorieuse Vierge, de l'Ange tutellaire de la ville, des bienheureux père et mère et espoux de ladicte Vierge, Joachim, Joseph et Anne, lesquels avec St-Siffrein, nostre bon père, pasteur et ancien patron, elle a prins pour médiateurs et advocats en une cause si pitoyable et telle que nous l'expérimentons despuis deux mois avec accroissance notable du mal, mort et désolation de nos concitoyens, pour correspondre à la sainte intention desdicts sieurs nos prédécesseurs, et tesmoigner la confiance que nous avons au sacré gaige que nous tenons du sang de Nostre Seigneur Jésus-Christ, et intercessions susdicts, confirmons, approuvons et ratiffions en la qualité susdicte led. vœu à nous présentement leu et bien entendu, et aultant qué le pouvoir de nostre charge le peult permettre, vouons de nostre part toutes et chacunes les choses portées par led. vœu, auxquelles nous entendons estre aultant obligés que si elles avoyent esté en mesme temps par nous conjoinctement vouées avec eulx, promettants d'en procurer l'exécution, mesme du temps de nostre consulat, aultant qu'il nous sera possible. Nous prions doncque humblement le Père éternel d'avoir nos vœux pour agréables et comme il nous a baillé la grâce de les renouveller, qu'il nous la donne aussy de les parfaire et accomplir, déclarants qu'à cest effect et pour satisfaire à la bonne volonté et instante requeste de nos concitoyens de Carpentras despuis nostre consulat, nous offrons de présent et de comptant audict S$^t$-Clou, les cinq cents escus destinés suivant led. vœu de nos prédécesseurs et le nostre à embellir la chapelle du S$^t$-Clou, icy par nous exhibés dans une bource faicte avec or et argent à nous livrée par le S$^t$ Jean Baptiste Reyne nostre thrésorier, et à vous monsieur Magnan, chanoine et grand pénitencier de ladicte église tenant le lieu et place de monsieur Villardi, archidiacre et vicaire général de Monseigneur le R$^{me}$ évesque de Carpentras, vice-légat d'Avignon, par nous livrés pour estre par vous tenus cy-après dans la chapelle secrète de la sacristie de ladicte église, pour estre en après ladicte santé, restituée, employée à l'effect et œuvre dudict vœu, entendants que nostre présente confirmation et renovation dudict vœu soit insérée au bas de celluy de nosdicts prédécesseurs pour servir de foy et asseurance à touts ceulx qu'il appartiendra. Faict à Carpentras dans ladicte église à neuf heures matin, à la célébration de la grand messe au grand autel d'icelle célébrée par ledict sieur Magnan, le propre jour de S$^{te}$ Anne vingt-six$^{me}$ juillet, année mil six cent vingt-neuf, Galtérii, consul, Samzon, consul, Duchayne, consul, Salvatoris, secrétaire. »

« La procession a esté faicte sur les six heures du soir par dehors la ville, accompagnée de Monseigneur le Recteur et de messieurs les consuls et de quelques notables de la ville. »

Le 29, dimanche. M. Fermin rapporte que ce jour-là, madame de la Font, veuve, et sa mère venant sur les 4 heures du soir de l'église des Dominicains à leur maison, quand elles furent arrivées en vue de la demeure des messieurs d'André, aperçurent aux plus hautes fenêtres de ladite habitation, feu M. François André, docteur, décédé depuis peu au village de Malemort. Elles le virent tenant un livre à la main, revêtu d'une robe longue, et portant sur la tête un de ces petits chapeaux que l'on porte à Rome. Cette vision dura l'espace d'un quart d'heure.

Le 30. A 3 heures du matin, la foudre tomba sur l'église

de l'Observance. Elle brûla les deux coussins qui se trouvaient sur le maître-autel, ainsi que la nappe qui le couvrait et s'étendait des deux côtés jusqu'à fleur de terre ; il y eut cela de particulier que la partie de la nappe qui couvrait la pierre sacrée et à un pan au-delà tout au tour resta intact. Les bords du devant d'autel furent mouchetés. Toutes les colonnes furent noircies. Au dôme de l'église, elle ébranla une pierre que vingt hommes eussent à peine remuée. « Enfin, dit Fermin, l'orage adjuré par le Père vicaire dudict couvent, cessa. »

## Aout. 1629.

Le 1er *Quelques officiers et députés de santé* profitaient de l'état de prostration physique et morale, dans laquelle se trouvaient les pauvres pestiférés, pour les engager à faire des legs en leur faveur. Toutes ces donations entre vifs ou testamentaires faites ou à faire par sollicitation, furent annulées par un décret qui fut porté en ce jour par Mgr le Recteur et MM. les consuls.

### SEPTEMBRE.

19. « François Vallier, dict Girardin, malade despuis trois jours avec le bubon et néantmoings ayant communiqué durant lesdicts trois jours par la ville et caché son mal, a esté condamné d'estre arquebusé. Mais le coup des cinq postes dont l'arquebuse étoit chargée n'ayant offencé que la peau fort légèrement et n'ayant après l'arquebuse prins feu par deux diverses fois, que par le dehors, le susdict a esté renvoyé à l'hospital par ordre de Mgr le Recteur. »

« Je ne veux pas mescroire, avec le reste de la populasse, que le susdict, pour s'estre fort recommandé à la Ste Vierge, et estre de sa congrégation, n'ayt esté préservé miraculeusement, et que les postes ayent heu aussy peu de force pour l'offencer, comme la fornaise ardante en heust, pour brusler les trois enfants de la sainte escripture. »

22. Outre plusieurs sages prescriptions qui furent faites par le conseil qui se tint à pareil jour, il fut statué « que durant l'automne ne se vendront aucunes merlusses, et messieurs les consuls feront faire la visite des boutiques et brusler dehors la ville tout ce qui ne vouldra rien. »

30. Sur le règlement qui fut fait ce jour-là pour l'ordre de la vendange, nous remarquons ce qui suit : « Que tout vendangeur, tant que vendangera, couhera chasque soir à la vigne, sans pouvoir entrer dans la ville, à peyne de la corde et aultres arbitraires. » ... « que ne pourront les locataires vendangeurs avoir pour leurs journées, se nourrissant, sçavoir : les hommes que neuf souls, et les femmes et enfants de douze à quinze ans cinq souls. »

Deux voleurs avaient été condamnés le 1er sept., l'un, à la peine du fouet, l'autre, à trois *traicts de corde*.

#### OCTOBRE.

Le 6, la justice fut encore plus sévère; une femme, convaincue de plusieurs méfaits, entr'autres d'avoir fait plusieurs larcins, d'avoir brisé la porte de la prison où elle était détenue pour cette inculpation, etc., fut condamnée à la peine capitale, on la pendit ce même jour en vue de l'hôpital et des cabanes de Lirac.

#### NOVEMBRE.

13. « L'hospital des pestiférés a esté vuidé de la façon et avec les cérémonies suivantes. »

« Monseigneur le Rme Recteur et messieurs les Consuls, après avoir reçeu là saincte communion à ce matin, à la messe qu'à esté célébrée à la chapelle du St-Clou et chanté un Te Deum Laudamus en actions de grâce, environ les deux heures après midy, nonobstant que le temps fust grandement pluvieux et fascheux, se sont portés vers l'hospital des pestiférés, accompaignés de tout plein d'aultres personnes notables de la ville, et de moy not. aux fins de vuider le susdict hospital; et en effect en ayant sorti le Rd Père Jacques, M. Pierre, commis pour panser les malades et unze aultres convalescents, et n'y ayant laissé que M. Esprit... pour intendant et trois hommes avec leurs femmes pour parfumer ledict hospital et faire les lexives que la ville leur a ordonné, ont tiré droict contre la grange de M. Gaspar Bouche assez voisine dudict hospital pour les y remettre en quarantaine, portant ledict Père Jacques son crucifix en main couvert d'un crespe noir et chantant les llianies de la Vierge, auxquelles mondict seigneur et messieurs les consuls et tout le reste de la suiste respondoyent avec les larmes, cependant que quelques pièces d'artillerie comme d'une sourde correspondance fesoyent les mesmes effects tout au tour de nos murailles pour tout le reste du peuple. »

« Au mitan de nostre chemin, jusques ou, la pluye continua, l'arcanciel nous parus si beau, qu'arrestant tout quantequant la pluye des cieulx, nous en donna une plus amoreuse dans l'âme et dedans les yeulx quasi qui se nobis offerret, ut futuris temporibus sub arcu fœderis felicius transiremus. »

« Disparoissant devant que fusmes arrivés à la dicte grange, et le temps s'estant mis en beau nous laissa continuer heureusement les litanies de la sainte Vierge, après lesquelles fust chanté le *Stella cœli*, et après *Jesu Christe fili Dei vivi miserere nobis*, en baisant la terre. »

« Retornants en ville on a chanté les mesmes litanies de la Vierge à Nostre-Dame du pont de Serres et après le *Stella cæli*. »

« On a continué tous les dimanches après vespres de venir en procession à ceste chapelle de Nostre-Dame, portant les corps de S<sup>t</sup> Roch et S<sup>t</sup> Sébastien. »

1630. — 5 JANVIER.

A L'HONNEUR DE DIEU ET DE SA VIERGE MÈRE.

« L'an à la Nativité de Nostre Seigneur mil six cents trente et le sabmedy cinquiesme janvier, le R<sup>d</sup> Père Jacques et tous les aultres quarantenaires qui estoyent dehors en nombre de trente-sept après avoir trestouts changé d'habits et bruslé les leurs, sont entrés dans la ville chascun avec un Jésus au bout d'un baston chantant les litanies, et messieurs les consuls les sont allés recepvoir à la porte de Monteulx par où il sont entrés, avec les pauvres de la Bénédicte, et sont allés achever les litanies au devant la croix du devant S<sup>t</sup>-Siffrein, après lesquelles chascun desdict trente sept a été platiné dans sa maison pour huict jours conforme aux ordres. »

La peste cessa au mois d'octobre 1629 ; depuis le 21 dudit mois il n'y eut plus de cas.

On parfumait les maisons empestées d'abord avec du foin, du vinaigre, du souffre et du salpêtre, et ensuite avec du genièvre et autres ingrédients ; enfin on les blanchissait avec un lait de chaux.

20. « Du lendemain vingtième janvier, jour et feste du glorieux martyr S<sup>t</sup>-Sébastien, à la célébration de la grande messe le vœu de S<sup>t</sup> Clou a esté confirmé et ratifié par messieurs du conseil et par toute la ville d'un applaudissement général et d'une dévotion extraordinaire. Après la lecture du vœu a esté chantée la lamentation *misericordiæ Domini quia non sumus consumpti*, etc., en chant de leçon de ténèbres et le *Te Deum Laudamus*. »

« L'après disné a esté faicte procession généralle, à laquelle toutes les églises et les trois compagnies des pénitents ont assisté. Le chef de S<sup>t</sup>-Siffrein a esté porté, précédé par cent mosquetaires, et après, les corps de S<sup>t</sup>-Sébastien et S<sup>t</sup>-Roch. »

« A l'arrivée de la procession vers la maison de ville et à son retour de Nostre-Dame du pont de Serres, où elle est allée rendre les premières grâces du grand benéffect de la santé, la mosqueterie a faict son effort et a salué ladicte procession. »

## N° 3.

### CONFIRMATIO FUNDATIONIS

Capellaniæ sacratissimæ virginis Mariæ matris misericordiæ et salutis in capellâ nostræ Dominæ pontis Serrarum prope et extra civitatem Carpent.

In nomine Domini nostri Jesu Christi. Amen. Noverint omnes quod anno a nativitate Domini millesimo sexcentesimo trigesimo, et die quinta mensis aprilis, Carpent, in loco infra scripto coram R.do domino Raymundo villiardo decretorum doctore prothonotario ap.lico archidiacono ecclesiæ cathedralis Beati Siffredi civitatis præd.æ Carpent. Ill.mi et R.mi d.ni Cosmi Bardi ex comitibus vernii Dei et s.tæ sedis a.plicæ gratia episcopi Carpentoractensis in spiritualibus et temporalibus vicario et officiali g.nali, comparuerunt illustres et magnifici domini Arnulphus Galteri J. D. Carpent., Joannes Scipio de Fougasses dominus de Sampson, et Simon Duchayne consules d.æ civitatis Carpent. qui nomine pædicto et totius communitatis, particularium et habitatorum d.æ civitatis exhibuerunt ejdem R.do D.no vicario fundationem cujusdam perpetuæ capellaniæ per eos d° nomine fundatæ sub titulo sacratissimæ viginis Mariæ matris misericordiæ et salutis, iu capella seu sacello n.æ dominæ pontis serrarum extra muros ejusdem civitatis Carpent., et prope eamdem civitatem; Constante nota publica rogata per dominum Antonium Esberard, notarium publicum Carpent. die septima mensis januarii anni præsentis ibidem coram eodem domino vicario lecta et publicata, actis h.uoi causæ inserenda tenoris sequentis. In nomine Domini. Amen. Notum sit cunctis quod cum justo Dei judicio civitas Carpentoractensis ab anno integro circiter scilicet a mense novembris anni millesimi sexcentesimi vigesimi octavi usque ad mensem Augusti anni sequentis millesimi sexcentesimi vigesimi noni contagione tenta fuerit ab quam obdormierunt in domino tria millia vel circà animarum, tandem ad placandam justam Dei iram factis processionibus et suplicationibus non nullis motu proprio R.di domini Raymundi Villardi decretorum doctoris prothonotarii ap.lici archidiaconi ecclesiæ cathedralis Beati Siffredi præsentis civitatis Carpent. Ill.mi et R.mi domini Cosmi Bardi ex comitibus vernij Dei et stæ sedis ap.licæ gratia Carpent. episcopi vicarii et officialis g.nalis, ipsoque et R.dis dominis Claudio Gauchier et spiritu Magnan pœnitentiario canonicis, et certis aliis præsbiteris d.æ ecclesiæ adstantibus, et eos concomitantibus magnificis dominis anni præteriti consulibus d.æ civitatis, et magnificis ac illustribus dominis Arnulpho Galteri J. U. D. Joanne Scipione de Fougasses domino de Sampson equite torquato, et Simone Duchesne consulibus modernis d.æ civitatis, dominis Loci de Serris secùs Carpentoractum, magnifico domino Gerardo de Fougasses domino de sainte geme, ac nonnullis aliis particularibus d.æ civitatis qui causa morbi præfati ab ea non aufugerunt; præfati d.ni consules moderni et eorum antecessores, inter cætera alia mota, de consilio et assenssu nonnullorum D.orum civium facta, maxime inhærentibus miraculis, ut pie creditur, factis in sacello seu Capella no.æ D.næ de ponte Serrarum prope et extra muros d.æ civitatis sita, quod scilicet inter alia fuerat audita sæpe sæpiùs campanula illa que est in pinaculo dicti sacelli pulsans absque ullo alicujus personæ adjutorio vel judustria matutinis et vespertinis horis respective, nullo vento nec alio tempore impetuoso auxiliante: ob id dicta civitas habuit recursum ad Deum optimum maximum piissimamque virginem Mariam Dei genitricem, desperata salute, humanis remediis nihil operantibus, voverunt et votum fecerunt dicta communitas et consules et cives illius de fundando in eadem capella unam perpetuam parvam missam sub titulo et invocatione sacratissimæ virginis Mariæ matris misericordiæ et salutis, cum litaniis ejusdem Deiparæ virginis Mariæ, cum antiphona stella cœli extirpavit quæ lactavit Dominum ac cum oratione ejusdem antiphonæ et oratione pro fidelibus defunctis, *dicendis et decantandis in eadem capella in fine cujuslibet missæ singulis diebus perpetuis temporibus per præsbiterum actu celebrantem ad id capacem et idoneum oriundum et habitatorem hujus dictæ civitatis, per magnificos D.nos consules qui nunc sunt et pro tempore erunt, ut patronos d.æ fundationis quam in capellaniam et beneficium ecclesiasticum perpetuum erigi optant, sub tamen beneplacito eorum ordinarii ecclesiastici nominandum et præsentandum toties quoties casus vacationis illius quomodocumque evenerit : quæ omnia adimplere et in publicam formam redigi facere volunt sub modio, formis, et qualitatibus infra scriptis.*

*Hinc siquidem fuit et est quod anno a nativitate D.ni millesimo sexcentesimo trigesimo et die septima mensis januarii indictione XII pontificatus Ill.mi in christo patris et D. N. D. Urbani divina providentia papæ VIII. Anno septimo, in p.ntia mei notarii publici a.plici et testium infras.ptoru specialiter vocatorum et rogatorum existentes et personaliter constituti d.i magnifici D.ni Galteri, de Sampson, et Duchesne, consules moderni prædictæ civitatis Carpent. qui pro et nomine d.æ communitatis Carpent. concilii, habitatorum, et particularium illius qui nunc sunt et pro tempore erunt, per quos partialares seu eorum consiliarios ordinarios promiserunt de rato et ratificari faciendo in debita forma omnia et singula in præsenti contractu contenta infra sex menses proximos, aut alias quoties requisiti fuerint; insequendo etiam deliberationem d.i eorum consilii, ut dixerunt, gratis et sponte per se et eorum successores in d.o consulatu, particulares, cives, et habitatores Carpent. et eorum respective successores ut supra, devotione moti causis et rationibus præfatis funda-*

erant prædictam parvam missam sub titulo et invocatione
sacratissimæ virginis Mariæ matris misericordiæ et salutis
dicendam et celebrandam una cum dictis litaniis, antipho-
nâ, oratione, et absolutione pro fidelibus d. functis, prout
supra latius declaratur, singulis diebus perpetuis temporibus
in d.o sacello seu capella nostræ præd.æ D.næ de ponte
Serrarum prope et extra muros præd.æ civitatis Carpent.
per præsbiterum actu celebrantem ad id capacem et idoneum
oriuudum et habitatorem Carpent. per seipsum aut per
alium (ipso legitimo impedimento detento) nominandum et
præsentandum in rectorem D.æ Capellaniæ per præfatos
magnificos D.nos consules qui nunc sunt et pro tempore
erunt prædictæ Carpent. civitatis, ad quos et successores
suos in officio consulatus spectabit et attinebit prout et
reservant sibi ipsis et eorum præfatis successoribus prd.æ
communitati Carpent. uti patronis jus et facultatem perpetuis temporibus, dum et quando et toties quoties præd.a
capellania vacabit per cessum aut decessum illius
rectoris, permutationem, amissionem, resignationem, aut
dimissionem et alias quomodocumque et qualitercumque
casus præd.æ vacationis evenerit, nominandi in rectorem
d.æ capellaniæ alium præsbiterum oriundum et habitatorem d.æ hujus civitatis capacem et jdoneum actu celebrantem, qui prout suprà d.æ capellaniæ juxta tenorem d.æ
fundationis tenebitur inservire; absque eó quod in d.is
nominatione et præsentatione, quoties casus vacationis
d.æ capellaniæ ut præfertur evenerit, d.i D.ni cansules
fundatores, eorum successores, nec dicta communitas
Carpent. per quoscumque R.mos D.nos episcopos Carpent.
eorum respective vicarios generales, Ill.mos D.nos legatum et vice legatum aven, nec per alios quoscumque D.nos
qui nunc sunt et pro tempore erunt habentes facultatem
respective admittendi et instituendi rectorem d.æ capellaniæ ad nominationem et p.ntationem præd.as possint nec

valeant ullomodo in illo jure nominandi et presentandi rectorem, molestari et inquietari, etiam per non geminatas et subsecutas p.ntationes vel alias pro quovis modo titulo et causa : et præmissis præd.is superioribus nostris respective contra facientibus ex nunc prout ex tunc d.i D.ni fundatores nominibus jamd.is voluerunt et eorum intentio est quod fundatio h.uoi et illius dotatio cessent; et d.a communitas et particulares illius qui nunc sunt et pro tempore erunt a d.is fundatione et dotatione omnino liberentur et absolvantur; et pro dotatione et fundatione præd.æ capellaniæ et servitii illius ut præest singulis diebus perpetuis temporibus fiendi, dicendi, et recitandi, præd.i d ni consules fundatores nominibus jamd.is dotaverunt, donaverunt, cesserunt, remiserunt et cuitaverunt donatione intervivos perpetuis temporibus valitura modo et sub formis præscriptis, d.æ capellaniæ et rectori illius nominando, præsentando, et instituendo, et ejus successoribus respective in d.a capellania med.o notario uti publica persona præsente, stipulante, et acceptante pro d.a capellania illius rectore et successoribus in illa : scilicet unam annuam et perpetuam pensionem viginti quatuor scutorum valoris sexaginta grossorum pro quolibet scuto monetæ currentis in præsenti comitatu venaissino solvendam singulis annis durante tempore quo d.um servitium fiet in d.a capella per p.bterum actu celebrantem ut supra capacem nominatum et præsentatum per d.os D.nos consules et eorum successores in d.o consulatu patronos præd.os et ab ordinario approbatum et admissum in illius rectorem ad eorum nominationem et p.ntationem præfatas juxta mentem et tenorem p.ntis fundationis et non alias aliter nec alio modo prout d.i D.ni consules fundatores nominibus jamd.is solvere promiserunt rectori præd.æ capellaniæ ad p.nta.onem et nominationem præfatam admisso et instituto perpetuis temporibus singulis annis de semestri in semestre solutionibus anticipatis pro qualibet duodecim scutorum solutione incipientes primam solutionem duodecim scutorum die nominationis et præsentationis ac admissionis et institutionis in rectorem d.æ capellaniæ ad ei in inserviendum juxta formam et tenorem d.æ fundationis et in fine sex mensium tunc proximorum alium similium duodecim scutorum et sic d.as solutiones continuantes annis singulis perpetuis temporibus terminis prædictis de semestri in semestre solutionibus ut præfertur anticipatis, d.o rectori et ejus successoribus in d.a capellania, me dicto notario ut supra præsente acceptante, et stipulante et quas quidem dotationem et fundationem præd.as capellaniæ et pensionis jamd.i D.ni consules fundatores nominibus jam d.is fundaverunt assignaverunt et assecuraverunt in et super omnibus et singulis d.æ communitatis Carpent. civium et particularium illius qui nunc sunt et pro tempore erunt bonis mobilibus, immobilibus, fructibus, redditibus, rentis, et emolumentis præsentibus et futuris quibuscumque d.æ communitatis civium et particularium præd.orum cum et sub divestitionibus, investitionibus, tactu manuum mei d.i no.trii ut supra stipulantis constitutionibus et aliis clausulis translatives in similibus apponi solitis et consuetis, ac cum promissione de faciendo habere tenere et modo præd.o solvere, esseque et stare de omni evictione erga omnes et quoscumque in debita et meliori forma evictionis, stipulatione mei d.i no.rii ut supra interveniente.

Item quia præd.i d.ni consules et fundatores et d.a communitas Carpent. sunt voluntatis et intentionis, ad majorem Dei gloriam deiparæque virginis, auxiliante Deo, edificium d.æ capellæ n.æ D.næ pontis Serrarum augere, illudque ad decentiorem statum redigere et ornare, quod facere minime possunt, attento quod d.a communitas ob morbum præd.um pestiferum multas et varias expensas extraordinarias ultra illas quotidianas ordinarias et solitas sustinuit et sustinet; ideo cupiunt omnes et quascumque elecmosinas et oblationes quæ fient in d.a capella nostræ D.næ pontis Serrarum d.æ communitati Carpent. servari sub tamen assensu eorum Ordinarii Ecclesiastici coram quo d.i D.ni consules fundatores et dotatores nominibus jam d.is volunt comparere ad petendum et obtinendum ab ipso confirmationem et approbationem omnium et singulorum quorum cumque in præsenti contractu declaratorum et contentorum sicuti etiam erectionem d.æ fundationis in capellaniam perpetuam et ad titulum perpetui beneficii ecclesiastici sub reservationibus d.i juris patronatus et d.arum elcemosinarum et oblationum, ac sub aliis formis et qualitatibus, in p.nti contractu fundationis jam d.æ contentis et descriptis et ei nominandi et p.ntandi aliquem p.bterum oriundum et habitatorem Carpent. actu celebrantem capacem in primum illius rectorem ad d.æ capellaniæ juxta formam d.æ fundationis inserviendum, et ipsum in rectorem admitti et institui petendi.

Et pro præmissis omnibus et singulis in p.nti contractu et instrumento attendendis et inviolabiliter observandis, d.i magnifici D.ni consules nominibus jam d.is obligaverunt et submiserunt omnia et quæcumque bona mobilia et immobilia, jura, reditus, fructus, rentas, et emolumenta præsentia et futura d.æ communitatis Carpent. particularium et habitatorum d.æ civitatis et eorum successorum respective, viribus. rigoribus, et arestis curiarum spiritualium et temporalium Carpent et totius comitatus venaissini ac civitatis Aven in meliori forma cameræ a.plicæ, juraverunt et renunciaverunt de quibus præmissis omnibus præd.i D.ni consules nominibus jam d.is petierunt d.æ communitati fieri actum et instrumentum publicum per me d.um notarium publicum infra.ptum, quæ acta fuerunt præmissa Carpentoracti in camera cubiculari domus habitat.onis præd.i magnifici D.ni de Sampson, p.ntibus ibidem nobile

Joanne Thoma Desormand, d.no Spiritu Durand, DD. Carolo Salvatoris, Jacobo Bladeris et Paulo La Riviere not.iis Carpent. testibus requisitis et rogatis, subsignatis cum d.is magnificis D.nis consulibus in originali p.ntium; et me Antonio Esberard no.rio publico a.plico cive et habitatore Carpent. qui et hic in præmissorum fidem collatione facta me subsignavi requisitus Esberard no.rius sic signatus in extractu. Et ulterius ipsi D.ni consules eidem D.ni vicario exposuerunt eodem nomino præd.o auxisse d.am fundationem de magna missa celebranda, quatuor cereorum oblatione fienda, et alias prout in nota publica desuper a d.o D.no Antonio Esberard no.rio publico rogata hodie continetur actis h.uoi causæ etiam inserenda tenoris sequentis.

Anno jam d.o 1630 et die qcinta mensis aprilis in mei no.rii et personaliter constituti d.i magnifici D.ni Gualteri, de Sampson, et duchesne, consules qai gratis et nominibus jamd.is augentes devotionem et fundationem per eos ut supra factam in capella seu sacello n.æ Dnæ pontis Serrarum prope et entra d.am civitatem sub invocatione sacratissimæ virginis Mariæ matris misericordiæ et salutis, prout latius constat nota desuper rogata per me d.um no.rium die septima mensis januarii ultimi, voluerunt ipsi D.ni fundatores et sunt intentionis nominibus jam d.is quod post hæc singulis annis perpetuis temporibus, in commemorationem ejusdem Dei paræ virginis et illius diei quo camponula illa quæ est in pinaculo præd.æ capellæ fuit audita ex se pulsans ut latius in d.a fundatione legitur, scilicet decima mensis julii anni 1629. Circa horam tertiam matutinam in eadem capella singulis annis perpetuis temporibus qualibet die decima mensis julii celebretur una solemnis missa adhibitis diacono et subdiacono per Rectorem illius qui pro tempore erit, vocatis et accersitis per ipsum rectorem DD. Coss. d.æ civitatis Carpent. qui pro tempore erunt ad jnteressendum una cum D.nis thesaurario, consiliariis, et aliis civibus Carpent. præd.æ missæ, portantibus ipsis D.nis Coss. et thesaurario quatuor cereos albos ceræ ponderis cujuslibet unius quartæ partis libræ, vulgo d'un quarteron la piece, unum pro quolibet d.orum D.rum consulum et thesaurarii, accendendos in eadem missa pro servitio illius et consummandos illa die in eadem capella in honorem Dei, virginisque Mariæ pro actione gratiarum recuperatæ sanitatis et salutis; et pro servitio præd.æ missæ d.a communitas Carpent. seu thesaurarius singulis annis qualibet die decima julii tenebitur dare et expedire D.no rectori d.æ capellaniæ qui pro tempore erit prout d.i D.ni consules nominibus præd.is promiserunt dare et expedire d.o rectori, med.o notario pro eo stipulante, qualibet die decima julii annis singulis quinque florenos ultra illa quæ ex d.a fundatione et dotatione data et solvere promissa fuerunt. Declarantes prout declarant ipsi D.ni consules nominibus præd.is intentionis fuisse et esse ante d.am fundationam, in d.a fundatione et post eamdem, prout nunc sunt, quod rector d.æ capellaniæ qui pro tempore erit teneatur continuo residere personaliter ac personalem et continuam residentiam facere in d.a civitate Carpent: et præmissa omnia præd.i D.ni consules nominibus jamd.is promiserunt habere rata, grata, et firma, et eis non contravenire et sub eisdem obligationis juramentis, renuntiationibus in instrumento d.æ fundationis descriptis, de quibus et actum Carpent. in aula superiori domus ha.onis R.di D. Raymundi Villardi decretorum doctoris prothonotarii a.plici archidiaconi ecclesiæ cathedralis Carpent. p.ntibus ibidem D. Petro Esberard notario Carpent, et D. Joanne baptista Baldoni de Montiliis Carpent. diœcesis testibus.

Petentes et requirentes supra d.i D.ni consules nomine præd.o d.am fundationem, reservationem juris patronatus, et auctionem seu additionem ut supra factam per eumdem R.dum D.num vicarinm et offalem g.nalem et omnia in eisdem contenta authorisari et confirmari, eamdemque fundationem et additionem in titulum perpetui beneficii ecclesiastici erigi, suamque et curiæ episcopalis Carpent. authoritatem in eisdem interponi.

Suprad.us R.dus d.nus vicarius, audita d.a requisitione perceptoque tenore d.æ fundationis et d.æ additionis easdem fundationem et additionem ac reservationem d.i juris patronatus, et omnia in eisdem fundatione et additione contenta confirmavit approbavit et authorisavit et in eisdem authoritatem suam d.æ que curiæ ep.alis interposuit ac d.am fundationem et additionem in titulum perpetui beneficii ecclesiastici erexit, citra tamen præjudicium authoritatis ill-mi et R.mi D.ni Episcopi, jurium et præeminentiarum matricis ecclesiæ et capituli Carpent. sub hac qualitate quod rector d.æ capellaniæ qui pro tempore erit, penes quem clavis d.æ capellæ remanebit, tenebitur perpetuis temporibus aperire d.am capellam, ita ut d.a capella sit aperta a prima die mensis maii usque ad festum sti Michaelis archangeli a sexta hora usque ad horam nonam de mane qualibet die, et reliquo tempore a septima hora usque ad decimam horam etiam de mane, pro commoditate tam sacerdotum in eadem capella celebraturornm seu celebrare volentium quibus hoc absque ullo impedimento d.i rectoris licebit, quam populi in eam accessuri; sub pœna quinque grossorum per d.um rectorem pro qualibet vice non observantem præspecificata circa aperturam d.æ capellæ incurrenda, reparationi d.æ capellæ applicanda. Tenebitur que ipse rector pro tempore existens adminitrare vestimenta et alia ad celebrationem sacri attinentia, ad d.am capellam spectantia d.is præsbiteris sacrum in ea celebrare volentibus. De quibus et actum Carpent. in aula superiori domus habitationis d.ni R.di D.ni vicarii, p.ntibus ibidem D.

*Antonio Esberard notario Carpent. et D. Joanne Baptista Baldoni demontiliis testibus.*

## PRÆSENTATIO IN PRIMUM RECTOREM D. Æ CAPELLANIÆ PRO D. NO SPIRITU BARTHOQUIN P. BTERO CARPENT.

*D.a die ibidem ubi supra d.i D.ni consules Carpent. et coram quo supra comparuerunt qui uti patroni d.æ capellaniæ nomine prædicto eidem R.do D. vicario et officiali g.nali præsentaverunt in primum rectorem d.æ capellaniæ jurium et pertinentiarum suarum videlicet d.num spiritum Barthoquini p.bterum actu celebrantem oriundum d.æ civitatis Carpent. p.ntem et acceptantem; petentes illum in rectorem d.æ capellaniæ juriumque et pertinentiarum suarum præd.arum institui, et h.uoi præsentationem admitti, jurantes prout juraverunt d.i D.ni præsentantes et præsentatus super sanctis Dei scripturis per eos et quemlibet eorumdem p.ntantium et præsentati in manibus d.i D.ni vicarii tactis, quod in prædicta præsentatione non intervenerit dolus, fraus, simoniæ labes, nec quævis alia illicita pactio seu corruptela.*

*D.us R.dus D.nus vicarius et officialis g.nalis d.am præsentationem admisit.*

*Dequibus et actum Carpent. ubi et p.ntibus quibus supra testibus et med.o Esberard notario et secret.o*

## INSTITUTIO AD EAMDEM CAPELLANIAM PRO D. O D. NO SPIRITU BARTHOQUIN.

*Illico d.a die supra nominatus R.dus D.nus vicarius et officialis g.nalis, ad d.am præsentationem et attenta dicta præsentatione, d.um D.num spiritum Barthoquini præsentem et acceptantem rectorem dictæ capellaniæ, juriumque et pertinentiarum suarum fecit et instituit; eidemque capellaniam supra dictam cum juribus et pertinentiis suis* præd is contulit et donavit, ac illum in corporalem possessionem ejusdem capellaniæ jurium et pertinentiarum suarum præd.arum posuit et immisit investivitque de iisdem per bireti capiti suo impositionem exegitque ab eodem D. Barthoquini solitum juramentum sicut ipse juravit super S.tis Dei evangeliis ab eo in manibus d.i D. vicarii tactis et nec non genibus flexis et capite detecto cor. eodem D.no vicario d.us D.nus Barthoquini fecit, promisit, emisit et juravit professionem fidei catholicæ orthodoxæ justa ritum S. R. E. et formam constitutionis felicis recordationis Pii papæ IV. formam ipsam ad verbum legendo tactis iterum in manibus d.i D.ni vicarii per eum stis Dei evangeliis.

Quo circa idem D.nus vicarius et offalis mandavit decernens et dequibus est actum Carpentoracti ubi supra et p.ntibus quibus supra testibus et me d.o Petro Esberard no.rio et secret.io. sic in originali.

Cui me refero in fidem.

DE VILLARIO.
Filius pro cancell.

## N° 4.

### PRIEURS DE NOTRE-DAME-DE-SANTÉ.

Les ex-Consuls étaient, l'année d'après leur consulat, prieurs de la chapelle de Notre-Dame-de-Santé.

Je, notaire et vice-secrétaire de cette ville et communauté de Carpentras, capitale de la province du Comté Venaissin soussigné, atteste que par délibération prise par le double conseil municipal, le vingt-quatre aoust mil sept cent dix-neuf, et selon l'usage anciennement observé, les exconsuls de lad. ville, sont prieurs de la chapelle de la Très-sainte Vierge, sous le titre de Notre-Dame de Miséricorde et de Santé, pendant une année consécutive, et en conséquence que Messieurs Tissot, dr ès-droits et avocat, de Guillomont fils, et Tassis, not., ont exercé la charge honorable de prieurs de la chapelle de Notre-Dame-de-Santé, depuis le quatre may mil sept cent quatre-vingt six, époque de leur exconsulat, jusqu'au trois du présent mois. Fait à Carpentras, le vingt-quatre may mil sept cent quatre-vingt sept.

ANDRÉ, not. V.-Secrét.

## N° 5.

Certificat de M. Dominique Justiniany aîné, acquéreur de la chapelle de Notre-Dame-de-Santé, de M. Thomas Bernus, sculpteur, et de M<sup>me</sup> Marie-Félicité Bernus, sa fille aînée, doreuse, épouse de M. François Bernus, où il est exprimé que la statue qui représente la S<sup>te</sup> Vierge et son Fils, actuellement dans la niche de la chapelle de Notre-Dame-de-Santé, est la même que celle qui s'y trouvait, pendant les guerres de religion, dans le 16<sup>me</sup> siècle.

Nous, Dominique Justiniany aîné, acquéreur de la chapelle, sous l'invocation de Notre-Dame-de-Santé, Thomas Bernus, sculpteur, et Marie-Félicité Bernus, sa fille aînée, doreuse, épouse de M. François Bernus, certifions et déclarons respectivement à tous qu'il appartiendra, d'être informé par l'antique tradition, manifestée par les plus âgés habitants des deux sexes de la ville de Carpentras (qui s'empressèrent en messidor de l'an trois de la république, correspondant aux mois de juin et juillet 1795, de venir, par une louable curiosité religieuse, dans la sacristie de ladite chapelle, voir réparer et restaurer par M. Bernus, un de nous, la statue de la Très-Sainte Vierge, honorée sous le titre de Notre-Dame-de-Santé, mutilée et dépérie), que, pendant les guerres de religion, depuis les temps les plus reculés, elle a été jetée par les impies, dans le lit de la rivière de l'Auzon : Ce que nous sus-nommés avons aperçu, par la pourriture de la pierre de Saint-Didier, devenue violette; et n'ayant pu supporter la dorure, on fut obligé, à cette époque, d'y coller par-dessus une toile pour soutenir les diverses couches de blanc, jaune, bols et or, après qu'elle eut été tirée du sable et de l'eau, et fut replacée dans l'ancienne chapelle, dédiée à Notre-Dame du Pont de Serres. On commença la construction de ce pont vers 1401 ; il fut opéré un prodige miraculeux, le 10 juillet 1629, qui détermina la cessation de la peste.

Que le conseil de ville délibéra le 23 mars 1732, de faire l'agrandissement de la chapelle, aux frais d'icelle, selon la prudence de MM. les consuls et les prieurs, de concert avec Mgr Abbati, alors Evêque. Ce travail d'architecture fut interrompu, et repris le 3 novembre 1747, lorsque Monseigneur Malachie d'Inguimbert, archevêque *in partibus* de Théodosie, son successeur immédiat à l'épiscopat de Carpentras, sa patrie, eut concédé, par sa munificence, un prix fait de cinq mille livres tournois, pour le perfectionnement de cette chapelle ; par un vœu particulier qu'il fit, en invoquant la puissante protection de Notre-Dame-de-Santé, à son retour de Cavaillon, lorsqu'une roue de la voiture passa, par la maladresse de son cocher, sur le parapet d'un pont construit sur la rivière du Coulon, ou il alloit se précipiter ; heureusement il n'arriva aucun accident. Cet illustre prélat a béni pontificalement la chapelle moderne, le septième septembre 1748, à la réquition des consuls, en leur présence, celle des officiers de la ville, de ex-consuls prieurs et autres personnes notables.

Que les citoyens et les étrangers y célèbrent le 10 juillet de chaque année, une fête solennelle, où il se fait une neuvaine avec beaucoup de piété, de zèle et de dévotion, il est appliqué des indulgences plénières pour les fidèles qui se disposent à les gagner par des sentiments dignes de les obtenir.

Que dans les orages politiques, occasionnés par la révolution françoise, dont les ramifications se propagèrent dans le Comté Venaissin, la statue, formant un corps très-pesant, de l'auguste Mère de Dieu, fut enlevée, transportée vers le commencement de l'an deux, à la fin de 1793, dans l'église de l'Observance et placée dans une chapelle à elle dédiée, du côté de l'épitre du maître-autel ; qu'environ deux ans après, des impies s'en emparèrent clandestinement, osèrent la mutiler, couper la tête de notre Rédempteur et celle de la Sainte

Vierge, qui porte son divin fils : leurs bras et draperies furent totalement hachés ; le soir de ces profanations, des gens bien intentionnés l'enfouirent dans le jardin de ce couvent, la mirent, peu de jours après, dans un monceau de pierres, derrière la chapelle, sous la dénomination de Saint Louis, des frères du tiers ordre de Saint François, et progressivement la placèrent sous le grand escalier à côté de la sacristie, près ladite chapelle.

Que feu M. Lavondez, prêtre, qui avait desservi la cure de Loriol, résidoit alors dans ce monastère, alla quelque temps après chez M. Justiniany, un des certificateurs, et l'avisa de venir le soir à sa maison d'habitation qu'il occupoit proche les Halles; en entrant dans la chambre à coucher dudit sieur Lavondez, celui-ci en ferma la porte, s'empara de la clef et lui fit part, sous le secret, qu'il trouveroit le corps de cette respectable statue, à l'endroit ci-dessus énoncé; que les auteurs de cette bonne œuvre, dont ledit sieur Lavondez est compris, avoient éprouvé des inquiétudes, des tourments et des insomnies, jusqu'à ce que ce monument important fût dans un local peu susceptible d'être découvert; qu'il avoit placé dans sa garde robe la tête de Notre Seigneur Jésus et celle de la Sainte Vierge, qu'il crut néanmoins n'être pas en sûreté ; il eut la prévoyance, pour leur conservation, de les envelopper dans une serviette, attacher et descendre avec attention, dans le puits, situé sous les fenêtres du réfectoire du couvent ; que toutes ces opérations avoient été faites nuitamment; que cette révélation, qui comble d'éloges ledit sieur Lavondez, n'a été rendue publique, selon ses intentions, qu'après son décès, arrivé le vingt-sept mai 1807 ; ledit sieur Justiniany se hâta de faire les recherches nécessaires, trouva effectivement le corps de Notre-Dame-de-Santé, se procura à l'hôtel de ville, douze seaux destinés pour éteindre les incendies, employa pendant deux jours et une nuit des personnes zélées pour tirer l'eau de ce puits et parvenir à se nantir de ce paquet précieux. Le corps et les deux têtes très-dégradés furent confiés audit sieur Bernus, pour les réparer, non sur la pierre tendre, pourrie et rapetissée, mais sur du platre cristallin, dont il les couvrit en entier, y appliqua les draperies avec de tringles de vitres, à environ quatre vingts endroits, qu'il a sculptés, refaits totalement, et ladite félicité Bernus sa fille les a repeints et redorés, ainsi qu'il en a été fait mention.

Qu'après la restauration complète de cette statue dans la sacristie, jadis la chapelle miraculeuse, elle fut portée dans l'ancienne église cathédrale et paroissiale de Saint-Siffrein, et placée sur l'autel de la chapelle, appellée des Ames du Purgatoire.

Que, sur la réclamation légitime dudit sieur Justiniany, il fut rendu par l'administration du département de Vaucluse séant à Avignon un arrêté, le cinq floréal an cinq, ou 24 avril 1797, et un autre arrêté par l'administration municipale de Carpentras, le 8 dud. floréal, 27 avril précité, à l'effet de réintégrer cette statue dans son emplacement. Elle y fut portée le 29 dudit mois d'avril.

Que successivement on annonça un autre enlèvement pour aller la jeter dans le Rhône; la crainte de cette disparution et de cet anéantissement, fondée sur les vicissitudes révolutionnaires, fit prendre la prudente résolution audit sieur Justiniany, de la cacher dans un caveau de la chapelle, pour la soustraire encore à la malveillance; la peinture et la dorure furent endommagées par l'humidité, elle fut ensuite placée, en cet état, et exposée à la vénération publique, dans la niche derrière le maître-autel qui lui étoit destinée, et où elle est actuellement.

En foi de quoi nous avons délivré la présente attestation pour la transmettre à la postérité et rendre témoignage à la vérité.

A Carpentras, le 18 septembre mil huit cent neuf.

Approuvons l'écriture ci-dessus,

JUSTINIANY aîné, propriétaire de ladite Chapelle.

Thomas BERNUS, sculpteur; Marie-Félicité BERNUS, doreuse, épouse de François BERNUS.

## N.º 6.

Lettre des médiateurs de la France entre les peuples d'Avignon et du Comtat-Venaissin, députés par le Roi, à M. le maire de Carpentras. — Réponse de M. le Maire. — 9 juillet 1791.

LA NATION, LA LOY ET LE ROI.

Médiateurs de la France entre les peuples d'Avignon et du Comtat-Venaissin, députés par le Roi.

Monsieur le Maire et Messieurs,

Nous apprenons qu'il se prépare pour demain une solemnité dans votre ville, à laquelle sont invitées toutes les communes du Comtat; souvent une fête pieuse dégénère en tumulte, et vous avez fait dernièrement la triste épreuve que l'on n'est pas maître de retenir le peuple quand il est en fermentation. Les circonstances actuelles surtout ne peuvent nous rassurer sur les effets d'un rassemblement extraordinaire; en conséquence, d'après la garantie que vous avez exigée de nous pour le maintien de la paix, nous vous requérons de tenir demain vos portes fermées, d'envoyer sur le champ des courriers dans toutes les communes, pour les avertir qu'elles ne seront pas ouvertes, et que la fête projetée ne peut avoir lieu dans les circonstances. Nous envoyons au commandant de nos troupes les réquisitions nécessaires et les ordres du général pour l'exécution de celle que nous vous adressons. Nous vous déclarons responsables personnellement de tout ce qui pourroit arriver dans vos murs de contraire à l'ordre et à la paix par la suite de l'inexécution de notre réquisition. — Les médiateurs de la France entre les peuples d'Avignon et du Comtat Venaissin députés par le Roi : Lescène des Maisons, Mulot, Verninac, St Maur, par MM. les médiateurs, Fostair, secrétaire, ainsi signés.

Avignon, ce 9e juillet 1791.

Lettre de la Municipalité de Carpentras, à MM. les Médiateurs de la France, en réponse de la précédente.

Carpentras, à 9 heures du soir, le 9ᵐᵉ juillet 1791.

Messieurs,

Nous recevons dans le moment la réquisition que vous nous faites l'honneur de nous adresser.

Nous réussirons mal à vous dissimuler, Messieurs, qu'elle nous a pénétrés de douleur. Ce n'est pas le sacrifice que vous exigez de nous qui nous peine, il n'en a même plus le nom quand vous nous apprenez que la tranquillité publique en dépend; mais ce qui nous abîme au moral, c'est que la calomnie nous assaille dans vos bras. On a osé vous dire, Messieurs, que nous avions invité dans la vue de rassembler : mensonge atroce, dénué de fondements par les faits antécédents, démenti par les faits présents. Messieurs, nous défions les auteurs de cette abominable imputation, et nous nous écrions avec force contre son injustice. Croit-on, espère-t-on détraquer nos têtes, nous séparer de la cause de la révolution? non, Messieurs, nous y resterons attachés malgré l'intrigue, et quoiqu'il nous répugne de la suivre dans ses détours pour la déjouer, nous espérons en rendre les menées vaines par notre fermeté.

Nous ne pouvons avoir des torts qu'aux yeux du despotisme, parce que nous ne voulons pas être esclaves; mais nous concilions l'amour de la liberté avec la disposition déterminée à tous les sacrifices qui intéressent la chose publique.

Nous déclarons donc solennellement que nous n'avons fait aucune invitation, que nous n'avons voulu aucun rassemblement de communes.

La fête de demain ne pouvoit être un sujet de reproche, elle est périodique à tous les 10mes de juillet, elle occasionoit toujours grande affluence, et quant nous avons reçu votre réquisition, il y avoit déjà grand concours surtout de femmes, attirées peut être autant par l'habitude que par la dévotion, nous avions fait toutes les dispositions relatives à la tranquillité publique. Loin de désirer le concours, nous avions témoigné vouloir l'éloigner, en ne permettant ni fusées ni feux d'artifices. Nous avions fait à M. le commandant des troupes de ligne la réquisition dont nous joignons icy copie, mais nous déférons sans hésiter à votre réquisition. Des courriers vont partir pour nos environs. Demain nos portes seront fermées.

Votre réquisition, Messieurs, sur la fête de demain, étoit accompagnée d'un paquet de proclamations et d'une réquisition pour les faire afficher, datée du 5me de ce mois; demain à la pointe du jour elle sera affichée. Dans la lettre que nous avons eu l'honneur de vous écrire sur l'événement malheureux du 1er de ce mois, nous vous avons supplié, Messieurs, de nous aider et de nous soutenir de vos conseils et de

— 47 —

votre bienveillance. A la douleur que nous causoit ce triste accident, se joignoit celle du tableau de notre désorganisation, et conséquemment de la privation des secours de la justice distributive, puisque nous sommes sans ministère public et sans tribunaux. Pouvons-nous en avoir, Messieurs, l'assemblée nationale ne prononce pas notre réunion, quoyque ce puissant appas nous aye engagé à rompre le lien politique de notre gouvernement. L'espérance nous soutient, Messieurs, elle nous occupe entièrement, et fait diversion à l'effroy que pourroit nous causer la nullité de notre existence politique. Vous êtes heureusement venus, Messieurs, venez, donnez quelques moments, et vous vous assurerez par vous-même, que nous méritons de la voir réaliser. Nous nous en rapportons à vous, Messieurs, pour édifier la France sur notre civisme, venez. Nous vous le répétons, nous vous en conjurons, que nous puissions vous prouver le dévouement respectueux avec lequel nous sommes, etc.

Extrait des regitres de la commune de cette ville de Carpentras, où je, not. secrét. soussigné, me rapporte en foy.

ANDRÉ, not. secrét.

Nous complétons ces pièces justificatives par les trois documents suivants qui, quoique minutieux, ne sont pas sans intérêt pour la localité.

# DOCUMENTS

# DOCUMENTS

## N° 1.

### Institution du vœu du bienheureux Félix de Cantalice, capucin.

L'an mil six cent vingt et neuf, Mgr Côme Bardi, Evêque de Carpentras, étant vice-légat d'Avignon, et M. Persio Caraccio, protonotaire apostolique étant recteur de Carpentras pour N. S. P. le Pape Urbain VIII et la Ste Eglise romaine, la ville étant affligée de la peste, ledit seigneur recteur désirant faire procéder à l'élection du nouvel état se retira dans notre couvent, et fit assembler le premier may de la susdite année 1629 le conseil de la maison de ville devant la porte de notre couvent, auquel il présida, et on y élut pour consuls M. Arnoux Gualteri, docteur ès-droits, M. Jean-Scipion de Fougasses, baron de Sampson, et M. Simon Du Chaine, auxquels nos religieux capucins remontrèrent les grands miracles du bienheureux Félix Cantalicio, capucin, les exhortant de l'invoquer et de recourir à lui pour recouvrer la santé et obtenir la cessation du mal contagieux par ses prières, ce qui ayant été trouvé bon par ledit conseil, MM. les consuls au nom de tous les habitants de la ville firent vœu au bienheureux Félix, capucin, de venir à notre église de ce couvent de Carpentras le jour de sa fête dix et huit du mois de may tous les ans, y ouir la messe, se communier et offrir un cierge de cire blanche de six livres de poids; lequel fut approuvé et ratifié de Mgr l'Evêque et du conseil de la maison de ville : MM. les consuls firent faire le tableau du maître-autel, qui représente le mystère de la résurrection de N. Seigneur avec le bienheureux Félix à côté, et tous les ans le jour de sa fête, ils viennent offrir un cierge de cire blanche chacun de deux livres de poids et se communient pour satisfaire à ce vœu. Ils dinaient chez nous pour marque de leur affection, mais depuis quelques années ils ont cessé d'y venir diner, se contentant d'envoyer quelque chose pour la nourriture des religieux.

Extrait du livre des archives des Pères Capucins *de verbo ad verbum*.

F. BERNARDIN de Carpentras, gardien des Capucins.
(Voir pièces justificatives n° 2, 1ᵉʳ mai).

N° 2.

Il existe un inventaire des ornements de N.-D.-de-Santé commencé le 5 décembre 1679, et nous en extrayons quelques passages. Ce manuscrit se trouve aux archives de la bibliothèque d'Inguimbert.

### POUR L'ADMINISTRATION DU CHAPITRE.

Inventaire des ornements de la chapelle de Notre-Dame du Pont de Serres, et des aumônes et de l'emploi d'icelles commencé le 5 décembre 1679.

Liure second de la chapelle de Nostre-Dame de Salut ou Santé à l'usage des seigneurs vicaires généraux de Carpentras, remis et commencé par Rde personne Me Paul Alfant, chanoine, le 5me décembre 1679, ayant perdu ou égaré le premier liure que M. Henri Villardi, autrefois vicaire, luy avoit baillé peu auant sa mort comme administrateur pour le donner au seigneur vicaire qui lui succéderoit.

Inuentaire des ornements de Nostre-Dame du Pont de Serres remis à Monsieur Joseph Mistarlet, prestre bénéficié de l'esglise de St-Siffrein de Carpentras, Recteur de lad. chapelle de Nostre-Dame dud. pont de Serres le 4me décembre 1679 par nous soubssigné.

Premièrement, six chasubles, sçavoir : deux rouges, une de damas rouge et l'autre de brocas à fond jaune, deux vertes, une tafetas et l'autre satin fleuri, une tafetas blanc et l'autre satin violet fleuri.

Plus trois voiles de calice, deux tafetas fleuri et l'autre à point d'Hongrie avec leur dentelle d'argent et d'or.

Plus trois aubes avec leurs amis et cordons dont il y a deux fort usés et le cordon de l'autre est de soye verte.

Plus quatre estuis de corporaux fournis de cinq corporaux et deux amicts.

Plus quatre devant d'autels pour les quatre coleurs de l'esglise.

Plus deux escharpes rouges et une uerte.

Plus huit napes, deux serviètes fines et deux lavabo.

Plus une toilette toile de Paris avec un randal blanc...

Plus deux pignoirs assez fins.

Plus un calice de Milan à la coupe et patène d'argent.

Plus quatre chandeliers leton et une petite lampe.

Plus un calice d'argent sans patène. — Plus une chasuble d'indienne auec sa croix tafetas blanc. — Plus je me charge d'une chasuble damas blanc, estolle et manipule auec ses passemans de soye rouge et blanche. — Plus une chasuble de damas violet avec sa croix de damas fleuri, auec ses passemans de soye. — Plus deux missels, un fort usé et l'autre assez bon, ses couvertes rouges.

MISTARLET prêtre.

L'an 1679 et le 5 décembre, en présence de Monsieur le chanoine R$^d$ Rostagni, vicaire et official général de Monseigneur de Carpentras, Monsieur Alfant, chanoine, a remis dans l'armoire ou caisse de la chapelle du pont de Serres qui se trouve dans la capperie, les ornements qui sont cy-après mentionnés, et :

Premièrement, une lampe d'argent avec ses chenettes et cercle marquée du S$^t$-Clou.

Plus deux couronnes d'argent, une pour la Vierge et l'autre pour le S$^t$ enfant Jésus.

Plus un reliquaire d'or avec un S$^t$ Sébastien d'un costé et un agneau de l'autre enchassé dans du cristal.

Plus un reliquaire cristal fermé dans un cercle d'argent.

Plus un reliquaire d'argent auec 3...

Plus un cœur d'or ayant une croix de Malte de chaque costé auec sa chenette dorée assez longue.

Plus un cœur.

Plus un tour de chapelet granat avec de gerbes rose à petit grain.

Plus une offrande d'une jambe d'argent fort petite et minse.

Plus deux anneaux, un d'or rouge et l'autre d'argent.

Plus une croix auec une médaille de leton entourée d'un cercle d'argent.

Plus onze napes d'autel tant bonnes que mauvaises.

Plus trois pignoirs.

Plus pour une garniture de carreau.

Plus quelques dentelles attachées à une bande de toile.

Le tout led. sieur Alfant a remis dans le susd. armoire en présence de qui dessus et de moy Charles Dhugues, chanoine, administrateur soubsigné.

De ROSTAGNI, vicaire général. DHUGUES, chan. administ. ALFANT, chan.

L'an susdit 1679 et led. jour 5$^{me}$ décembre, en la présence de Monsieur le chanoine de Rostagni, vicaire et official généralet de moy, administrateur soubsigné, led. Monsieur Alfant, chanoine, a remis dans le thresor du reuerand chapiltre qui a entrée dans la sacristie, les sommes qui s'ensuiuent ; premièrement, quinze escus ving sept sols patas plus treize escus blancs et trois quarts parmi lesquels il y a un escu blanc de

Mourgarts, plus une pistolle Espagne, plus sept pièces de cinq sols de pape, plus huit sols blancs, dans laquelle somme il se trouve compris un légat de feue madame de la Barriane, de laquelle somme led. Alfant s'est remboursé de dix sols pour les nécessités de ladite chapelle. Fait et signé l'an et jour susd.

De ROSTAGNI, vicaire général. DHUGUES, chan. administ. ALFANT, chan.

Prix faict donné pour le couuert de la chapelle de Nostre-Dame de-Santé sur le pont de Serres. (C'est la première fois que nous voyons dans les manuscrits de cette époque, cette chapelle être appellée du nom de Notre-Dame-de-Santé).

L'an 1681 et le 23 juin, escriuant M. Barthélemy Esbe-rard, greffier de l'évesché, nous soubs-signés Jean Raymond, Alexandre de Rostagni, chanoine, vicaire et official général de Monseigneur l'excellentissime et R<sup>me</sup> Gaspar Lascaris de Castellan, évesque de Carpentras, Esprit Jacomini, chanoine, sacristain et administrateur du chapitre St-Siffrein, Esprit d'Andrée, chanoine coadjuteur, auons donné le prix faict du couuert de la chapelle de Nostre-Dame-de-Santé à maistre Paul Viuier, masson dud. Carpentras, pour le prix de vingt escus patats.

De ROSTAGNI, vicaire général. JACOMINI, chanoine, sacristain, administrateur. E. D'ANDRÉE, chan.

L'an 1681 et 23 juin, M. de Rostagni, vicaire général, et M. Jacomini, chanoine, sacristain, administrateur du réuérend chapitre, en présence de messieurs Esprit d'Andrée, chanoine coadjuteur, et Jean Nicolas, prêtre bénéficié, procureur de MM. les Anniversaires Sainct-Siffrein, ont donné et expédié audict sieur d'Andrée, député par Mgr de Carpentras pour faire faire le susdict couuert de la chappelle de Nostre-Dame-de-Santé, vingt escus patats pris dans le pot de terre où l'on tient l'argent de ladicte chappelle, et lequel pot de terre est conservé dans l'armoire du thrésor du chapitre et anniversaires, et ce pour en payer ledict maistre Paul Viuier tout ainsi qu'est porté par l'acte cy-deuant enoncé escriuant M. Barthélemy Esbérard.

De ROSTAGNI, vicaire général. JACOMINI, chanoine, sacristain, administ. E. D'ANDRÉE, chan.

L'an mil six cent huictante un et le vingt-septième octobre, nous soubsignés auons ouuert la caisse de Nostre-Dame du pont de Serres et y auons trouvé la somme de huict escus, quarante neufs sols et trente-six deniers, de laquelle somme nous auons donné six escus à M. Coste pour les peines qu'il prend durant l'année et c'est pour la paye de l'année mil six cent huictante finissant le premier janvier, plus deux escus et cinq sols donnés à Mlle de Ranguisi pour un compte de cierges fournis par elle à lad. chapelle, et le restant que c'est quarante quatre sols à M. Dedos p.tre pour le salaire de son clerc, de sorte qu'il reste trente-six deniers lesquels auons remis à M. le grand vicaire et led. sieur vicaire les a remis en nostre présence dans la caisse à deux clefs que led. sieur vicaire a voulu estre gardée dans l'autre caisse de la chaperie. A Carpentras, ce vingt septième octobre mil six cent huictante un.

De ROSTAGNI, vicaire général. JACOMINI, chanoine, sacristain, administ. ALFANT, chan., député.

L'an 1683 et le... M. le vicaire général et M. Alfant administ. du R. chapitre ont donné en pension soixante écus patats à M. de Guillaumon, à M. Boyer, à M. Mathieu de Gigondas pour l'église de N.-D. dud. Gigondas et confrairie d'icelle, appert de l'authorisation et permission aux archives de Vaison. La pension est de trois écus écriuant M. Eymard.

Première paye.

Le..... féurier 1684 lesd. sieurs obligés pour la pension susd. ont payé trois écus qui ont été donnés à Mlle de Ranguisi pour cierges fournis à la chapelle de Notre-Dame du pont de Serres.

La ROUYÈRE, vicaire général. ANISSON, théologal admin.

Nous soubsignés avons receu de monsieur Offan, chanoine de l'eglise de St-Siffrein, dix huit escus patats, sçauoir : deux louis d'or nœuf à raison de quatorze livres et quinze sols et le reste en patats, et c'est pour six ans d'une pension de trois escus patats que la confrérie du St-Sépulchre de Gigondas doibt à la chapelle de Notre-Dame-de-Santé et par mains et argent de monsieur de Guillaumont comme a asseuré monsieur Offan et remis laditte somme dans le sac de Notre-Dame du pont de Serres la dernière pension echeue le 21 aoust de la présente année. En foy de quoi nous nous sommes soubsignés, à Carpentras, le 10 décembre 1691.

La ROUYÈRE, vicaire général. FLORANS, chan. administ.

Nous soubsignés auons ouuert la quaisse des aumosnes de Nostre-Dame du pont de Serres et y auons trouué quatorze liures seize sols dont nous auons donné quatre escus patats à mestre Mistralet pour le soin qu'il a pris d'ouurir et de fermer laditte chapelle pendant l'année et les deux liures seize sols restantes les auons mis dans le sac de Nostre-Dame du pont de Serres le sixième may 1697.

La Rouyère, vicaire général. Devillario, chan. admin.

Nous soubsignés auons receu de M. de Guillaumont trois escus patats que la confrérie du St-Sépulchre de Gigondas fait à la chapelle de Nostre-Dame du pont de Serres, et c'est pour l'année mil six cent nonante huict.

La Rouyère, vic. général.

Inuentaire des ornements de Nostre-Dame du pont de Serres remis à Monsieur l'abbé Gérard, recteur de la chapelle, ce 20 auril 1703, par moy Devillari, chan. administ. de l'église de Carpentras.

Et premièrement, une chasuble de tabis noir auec son estolle, manipule et uoile et un estuy noir usé avec un galon faux; plus une chasuble rouge de velours ciselé fond d'or auec son estolle et manipule, un uoile de satin auec une dentelle argent et un estui aussi rouge d'autre estoffe fort usé.

Plus une autre chasuble de damas fleuri couleur de uin, manipule et estolle auec des armes où il y a une croix blanche, plus une chasuble de satin fleuri uert auec son estolle et manipule, plus autre chasuble de satin fleuri uiolet auec son estolle, manipule et bource.

## N° 3.

### MÉMOIRE TOUCHANT NOTRE-DAME-DE-SANTÉ

ÉCRIT DE PROPRIO PUGNO

DE M. DE BOURNAREAU, VICAIRE GÉNÉRAL DE

MGR M. D'INGUIMBERT,

ARCHEVÊQUE IN PARTIBUS DE THÉODOSIE,

ÉVÊQUE DE CARPENTRAS.

29 juillet 1753.

Projet des ordonnances que Mgr l'Archevêque-Evêque de Carpentras pourra faire dans sa visite pastorale de la chapelle de Notre-Dame-de-Santé.

1° Mondit seigneur l'Archevêque-Evêque aiant appris que messieurs les consuls de la ville de Carpentras avoient fondé en 1630 un bénéfice dans lad. chapelle, par laquelle fondation ils avoient obligé le recteur de cette chapelanie d'y dire la messe tous les jours, avec l'antienne *stella cœli* et le *De profundis* à la fin sous la donation d'une pension annuelle de 24 escus monnoie courant, et qu'à raison de la modicité de cette somme, aujourd'hui le bénéfice n'est pas rempli depuis la mort de M. Rogier dernier recteur, et les charges et obligations n'en sont acquittées qu'en partie par un chapelain qui dit tous les jours la messe dans la susdite chapelle de Notre-Dame-de-Santé moienant la retribution de 30 escus patats que donnent MM. les consuls audit sieur chapelain sive aumonier ne l'obligeant d'appliquer le sacrifice de la messe que les dimanches et les fêtes; attendu qu'une telle fondation a été dûement autorisée, remplie et exécutée au-delà d'un siècle et que d'ailleurs elle n'est que démonstrative, Mgr l'Arch.-Evêque ordonnera que MM. les consuls donneront à l'avenir 200 livres monnoie de France annuellement pour l'acquitement de ladite fondation et sa grandeur, vû que lesd. seigneurs consuls juspatron- de la chapelanie n'y ont présenté personne durand les quatre mois qui leur sont réservés, Sa Grandeur, dis-je, pourra nommer un tel N..... pour recteur de cette dite chapelanie.

2° Messieurs les consuls observeront les autres articles de cette même fondation qui peuvent les concerner, tels que sont de faire dire une grand messe le 10° juillet à 3 heures matin, d'y aller assister avec leurs conseillers et d'y apporter 4 gros cierges, pour y brûler à l'honneur de la S¹ᵉ Vierge en action de grâces des faveurs qu'elle a faites à notre ville.

3° Pour obvier à bien des abus, MM. les prieurs de la chapelle de Notre-Dame-de-Santé et M. son trésorier seront les seuls préposés pour recevoir les messes votives que les fidèles donneront, et il sera défendu à toute autre personne tant régulière que séculière de s'aviser de recevoir desdites messes sous des peines arbitraires à Sa Grandeur.

4° M. le trésorier, à qui MM. les prieurs remettront les messes qu'ils auront reçeues, en tiendra un état dans un livre séparé et les faira acquiter autant qu'il lui sera possible, à l'intention, à tel jour et par les prêtres séculiers ou réguliers qu'on aura demandé. Il en réservera un nombre des libres pour les dimanches et les fêtes.

5° On ne pourra exiger à titre de rétribution des messes votives au-delà de dix sols et il sera loisible auxdicts sieurs prieurs de se retenir deux sols sur cette somme pour indemniser la chapelle de l'honoraire qu'elle donne au clerc, des ornements, linges, cierges et autres menues fournitures, et moienant cette petite somme il sera loisible à tous prêtres d'aller célébrer dans la chapelle sans être obligés d'y porter quoi que ce soit.

6° MM. les prieurs ne pourront dépenser au-delà de 30

livres sans le consentement de Mgr l'Arch.-Evêque et de ses successeurs, et encore moins dénaturer les dons que les fidèles auront présentés à la Très-Sainte Vierge.

7° Les comptes de M. le trésorier se rendront toutes les années sur la fin du mois d'avril en présence de mond. Sgr Evêque et des messieurs les prieurs.

8° M. le Recteur de la chapelle ou M. l'Aumônier qui en faira le service prendra une heure pour célébrer la plus commode au public, et les autres prêtres ne pourront dire la messe à cette heure-là sans avoir le consentement dud. sieur Recteur.

9° Ces mêmes prêtres s'arrangeront pour dire leurs messes avant ou après celle de l'aumonier, de façon à ne donner aucun scandale; et s'il arrivoit jamais des cas où la charité et la politesse ne pussent les accorder, on auroit alors égard à l'entrée dans la sacristie, de façon que messieurs les prêtres séculiers ou réguliers qui seroient arrivés les premiers dans lad. sacristie auroient droit de dire les premiers la S<sup>te</sup> messe.

10° Durand les messes il ne sera permis qu'au frère hermite de quêter et dans les autres tems si on veut donner cette charge à quelque personne du sexe, on ne pourra choisir que des filles ou des veuves d'un âge avancé et d'une probité reconnue après l'avoir fait agréer à mond. seigneur Evêque.

11° Le frère hermite sera également d'un âge meur et d'une vertu à l'épreuve. MM. les Prieurs ne pourront le placer dans l'hermitage de Notre-Dame-de-Santé, n'y l'en expulser ensuite sans l'avoir fait approuver à mond. seigneur Evêque.

12° Led. hermite fréquentera les sacremens et quand de l'avis de son confesseur il s'approchera de la sainte table, il le faira dans la chapelle de Notre-Dame-de-Santé, il lui conviendroit d'observer tous les dimanches et toutes les fêtes principales de l'année une telle pratique, qui lui profiteroit autant qu'elle serait édifiante pour le public.

13° Les obligations du frère hermite seront de servir les messes, et d'avoir soin de la sacristie, de tenir la chapelle ouverte en été depuis 5 heures du matin jusques à 9 heures du soir, et en hiver depuis 7 jusques à 4. Le matin il restera dans son hermitage ou dans la chapelle jusques à ce qu'on puisse présumer qu'il n'y aura plus des messes, et ensuite après avoir fermé la 2<sup>de</sup> porte de lad. chapelle il pourra aller quêter pour lui ou vaquer à ses affaires particulières.

14° Il sera de retour vers les 5 heures en été et en hiver vers les 3 heures pour recevoir jusqu'à la nuit les aumônes des personnes qui vont faire à ce tems-là leurs prières à la Très-Sainte Vierge. Il aura même l'attention alors d'ouvrir la 2de porte de lad. chapelle pour favoriser la pieuse coutume où l'on est de réciter publiquement le chapelet tous les jours dans ladite chapelle de Notre-Dame-de-Santé.

15° Tous les vendredis de chaque semaine le frère hermite se tiendra pendant toute la journée au devant de lad. chapelle pour recevoir dans sa boette au griffe de N.-D. les aumônes des étrangers, sans pouvoir s'absenter, quetter dans un bassin, et encore moins dans une boette audit frère.

16° Le même hermite faira son capital de tenir la chapelle et la sacristie dans la propreté et la décence convenables. Il portera la boette de la quette à M. le trésorier toutes les semaines, on la vuidera en présence d'un de MM. les Prieurs et M. le trésorier se chargera dans un livre que lesd. Prieurs garderont de part eux, de la somme qu'on aura trouvée dans lad. boette. Il sera libre à MM. les prieurs et trésoriers d'assigner aud. frère le jour et l'heure de la semaine, qui seront le plus à leur commodité.

17. Le frère hermite ne quettera hors la chapelle pour Notre-Dame-de-Santé que de l'huile, il faira les autres quettes à son nom et elles lui appartiendront en plein. On lui donnera pour son honoraire chaque année 48 livres payables par mois ou par quartier, avec la moitié de l'huile qu'il aura ramassée pour la Très-Sainte Vierge.

18° Il lui sera très-expressément défendu de recevoir dans son hermitage pour quelle raison et sous quel prétexte que ce soit, même de charité, aucunes personnes du sexe, gens sans aveu, ou mal famés, de quel état et condition qu'ils soient.

19° Outre M. le trésorier de Notre-Dame-de-Santé et le frère hermite, MM. les prieurs de cette chapelle choisiront encore une fille ou une veuve d'un certain âge et d'une vertu reconnue, qu'ils pourront nommer la *dépositaire*. Ils la fairont agréer à Monseigneur l'Arch.-Evêque et ses successeurs, et son employ sera de faire blanchir le linge de la chapelle, de faire réparer les ornements, de recevoir ce qu'on lui donnera pour la décoration de la chapelle et de garder même chez soi et sous un chargement les ornements, argenterie et bijoux qu'on ne pourroit garder commodément et sûrement dans la sacristie de lad. chapelle.

20. On faira au plus tot un inventaire exact de tous les bijoux, argenterie, ornements, linges et autres meubles qui appartiennent à la chapelle de Notre-Dame-de-Santé, et cet inventaire sera reconnu tous les ans ensuite de la reddition

des comptes et en présence de mond. seigneur l'Arch.-Evêque ou de M. son grand vicaire et de ses successeurs.

21. On faira une armoire propre et décente pour placer les reliques, quand elles ne seront pas exposées, et cette armoire sera placée dans la sacristie et par derrière la statue de la Très-Sainte Vierge.

22. On fera réparer le calice, le pupitre à soutenir le missel et une chasuble blanche fleurie. On brûlera incessamment tous les vieux linges et ornements hors d'usage de la sacristie. On en jettera les cendres dans une piscine, et s'il y a quelques galons et dentelles d'or ou d'argent, après les avoir brûlés le produit sera employé à réparer les autres ornements.

23. Les devant d'autel qui seront inutiles désormais, seront convertis en chasubles ou vendus pour faire des aubes et autres linges pour la sacristie.

24. Le jour de Notre-Dame-de-Santé, mond. seigneur Arch.-Evêque permet d'exposer le Très Saint Sacrement dans la chapelle et de donner la bénédiction durand l'octave autant que les personnes du sexe, de quelle condition qu'elles soient n'entreront point dans le sanctuaire, encore moins dans la sacristie, que la bénédiction sera donnée à 8 heures et les portes de la chapelle fermées à neuf pour le plus tard.

25. Pour satisfaire la dévotion et la reconnaissance des personnes qui se seront vouées à Notre-Dame-de-Santé, mond. seigneur Arch.-Evêque a permis et permet à MM. les Prieurs de faire suspendre aux murs de la chapelle, les tableaux, les têtes de cire, les bras et autres choses qu'on présente dans ces occasions, pourvu que M. le Recteur de lad. chapelle au défaut de Monseigneur l'Evêque n'y trouve rien d'indécent.

26. Sa Grandeur, dont l'édifice de la chapelle de N.-D.-de-Santé prouvera à jamais sa tendre dévotion envers la Très-Sainte Vierge, deffend à toutes personnes de publier aucuns miracles qu'elles croiront s'être opérés par la puissante protection de la Mère de Dieu, qu'au préalable tels miracles n'ayent été examinés approuvés et autorisés par mond. Sgr Arch.-Evêque ou par ses successeurs.

www.ingramcontent.com/pod-product-compliance
Lightning Source LLC
Chambersburg PA
CBHW060151100426
42744CB00007B/991